消防団員実務必携

編著　消防学校消防団員教育研究会

東京法令出版

改訂にあたって

　国民がかつて経験したことがない阪神・淡路大震災や東日本大震災において、多くの負傷者を倒壊家屋等から思うように救出活動ができなかったことや、加えて、首都直下地震や南海トラフ巨大地震等の発生が予測されていることに鑑み、消防団を中核とした地域防災力の充実強化を図ることにより住民の安全の確保に資することを目的とした「消防団を中核とした地域防災力の充実強化に関する法律」が平成25年12月に公布されました。

　こうした現状から、消防団への整備強化が求められ、「消防団の装備の基準」も制定以来26年ぶりに一新され、人命救助のための資機材も消防団車両に積載することとなりました。大規模災害時において、自治体消防を超えた消防活動が行われており、消防団が地域住民のリーダーとしての役割が増す中で、地域防災力の中核として、消防団が自主防災組織等の指導・育成に関わることが求められています。

　また、災害時において現場指揮の重要性が不可欠となっており、幹部団員が指揮者としての指揮能力の向上を図るために消防学校教育においても「指揮幹部科」が設けられ、これまで以上に幹部団員が災害現場等で消防団部隊を指揮する技量が求められています。

　消防団員は、火災や救助活動は、行方不明者捜索活動をはじめ、市町村の水防団員も兼務しており、台風・大雨による河川決壊等の水害時での水防活動や避難所への誘導活動等、防災活動全般において国民の生命と財産保護のために不可欠な組織となっております。

　複雑多様化、大規模化する災害において消防団員が適切に対応するにあたり、その知識・技能の向上に向けた消防団員に対する教育訓練は極めて重要となっております。

　消防団員の皆さんは、それぞれ自分の職業を持った傍ら仕事の合間をぬって消防学校へ入校されていますが、サラリーマン団員が増える傾向の中で、消防学校での長期間の受講が困難な状況が顕著となっており、団員諸氏の教育を総合的かつ効果的に行うには、教育の終了後においても知識の習得が図られるようこの1冊の本に取りまとめたものであります。

　本書が、消防団員の座右の書として、広く全国の消防学校で消防団員教育に活用されることを心から期待するものであります。

　令和5年4月1日

消防学校消防団員教育研究会

（注）　目次中の記号について

　　「消防学校の教育訓練の基準」（平成15年消防庁告示第3号）に定める消防団員に対する教育訓練
　の種類・内容等に沿って、本書を効果的に活用していただけるよう、目次中に「 初任 」「 中堅 」
　「 幹部 」の記号を付した。それぞれの意味は、次のとおりである。

記号	意　　味	主な対象者（例）
初任	主として、任用後、経験期間の短い消防団員に対する学習内容であることを示している。	入団後3年未満の消防団員
中堅	主として、任用後、一定の経験期間を経た消防団員に対する学習内容であることを示している。	入団後3年以上の消防団員・班長・部長
幹部	主として、消防団幹部に対する学習内容であることを示している。	副分団長・分団長・副団長・団長

消防団員実務必携　目　次

第 1 編　総　説

第 1 章　消防団の現況

第 1 節　消防団の沿革

消防の起源は極めて古く、我が国で最初の消防隊は寛永 6 年（1629年）にできた「奉書火消」である。「奉書火消」は江戸城中の火災警防のため、幕府の老中が出した将軍の命令書（奉書）によって、非常呼出しを受けた大名が、急ぎ消防隊を組織して消火に当たったものであるが、これらの組織は、古都の京都をはじめ各地方において、それぞれの組織があったことが記録に残されている。これらの消防組織は、明治 3 年（1870年）江戸の町火消が消防組に改められたのを契機に、全国の消防制度が一体化され逐次近代消防へと脱皮していった。

1　明治27年（1894年）
　　消防組規則が制定され、消防組の組織が明確となった。
2　昭和14年（1939年）
　　警防団令（勅令）が制定され、消防組と防護団が統合されて警防団に改組し、戦時防空消防体制となる。
3　昭和22年 5 月（1947年）
　　消防団令（勅令）が制定され、警防団を解消して消防団となる。
4　昭和23年 3 月（1948年）
　　消防組織法に基づき、消防団令（政令）が制定され、消防団は警察から市町村に移されて市町村の任意設置機関となる。
5　昭和23年 7 月（1948年）
　　消防組織法の一部改正により、消防団は各市町村の消防機関としての位置づけが明確となり現在に至っている（消防団令「政令」廃止）。
6　平成18年11月（2006年）
　　社会の高度成長と少子高齢化により消防団員が激減しており、企業等に勤務する消防団員の活動を円滑にするための方策として「消防団協力事業所表示制度」が創設された。消防団組織や制度の多様化とその対応策が掲げられ、消防団員の活動が活発化する施策が設けられ、我が国の重要政策課題として「安心・安全な社会の構築」づくりに大きな貢献を果たしている。（消防団協力事業所表示マークの導入・第 3 章参照）

7　平成20年 3 月（2008年）
　　我が国の消防は、昭和23年 3 月 7 日に自治体消防制度が発足して60年という大きな節目を迎えこれを記念して、より広く国民に親しまれ愛される消防を目指すために、全国消防イメージキャラクター「消太」が誕生した。

制服・男性　　制服・女性　　　消防隊　　　　救助隊　　　　救急隊　　　消防団・男性　消防団・女性

基本ポーズ

第2節　消防制度

　我が国の消防は、大きく分類すると公設消防と私設消防に分類され、公設消防は消防組織法の定めるところにより、国、都道府県及び市町村の機関に分かれ、私設消防は自衛消防隊、婦人消防隊及び少年消防クラブ等がある。

(1)　国の機関

　　国の機関としては、総務省の外局として消防庁が設置されている。

　　消防庁には、その事務を処理するため総務課、消防・救急課、救急企画室、予防課、危険物保安室、特殊災害室並びに国民保護・防災部に防災課、国民保護室、国民保護運用室、地域防災室、広域応援室、防災情報室、応急対策室のほか消防審議会が置かれ、さらに消防庁の附属機関として、消防大学校及び消防研究センターが置かれている。

(2)　都道府県の機関

　　都道府県は、市町村を包含する広域の地方公共団体として、消防に関して、市町村に対し、その消防の円滑な遂行と消防力の充実強化を図るために、助言及び指導を行うとともに、市町村相互間の連絡協調を図ることなどを任務とする（消防組織法第29条）。

　　都道府県には、消防の事務を処理するため、都道府県の部局に消防主管課が設けられている。更に、管下市町村の消防職員及び消防団員等の教育訓練に関する事項もその所掌事務とされているので、消防学校を設置して消防職団員の教育を実施する（消防組織法第51条）。

図1－1　消防庁、都道府県、市町村の役割

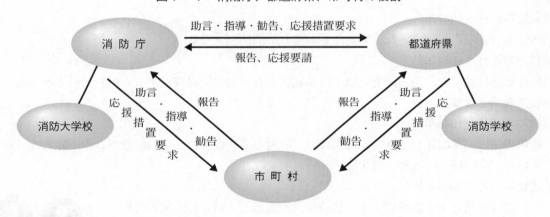

(3)　市町村の機関

> （市町村の消防に関する責任）
> 消防組織法第6条　市町村は、当該市町村の区域における消防を十分に果たすべき責任を有する。

　　市町村の区域内の消防の責任は、市町村に在ると明確に定めたものが第6条の規定であって、市町村の自治消防の建前を示し、かつ、責任の所在を明らかにしている。

　　また、市町村の自治消防であるから、消防は条例に従い市町村長がこれを管理（第7条）し、消防に要する費用は市町村がこれを負担する（第8条）と定めている。

> （消防機関）
> 消防組織法第9条　市町村は、その消防事務を処理するため、次に掲げる機関の全部又は一部を設けなければならない。
> (1)　消防本部
> (2)　消防署
> (3)　消防団

　市町村が、第6条の消防責任を果たすため、消防本部、消防署、消防団のいずれかを必要に応じ、設置できるものであるが、組織上消防本部を設置せず、消防署のみを設置することはできない。

　市町村は、第6条の規定によりその消防責任を果たすため、「消防機関」を設置してその事務を処理するが、その責任を果たすために必要な確保しなければならない消防力（消防力の三要素＝人、機械、水）の尺度は、消防庁告示に基づく「消防力の整備指針」と「消防水利の基準」を目安とすべきである。

図1−2　消防機関の概要

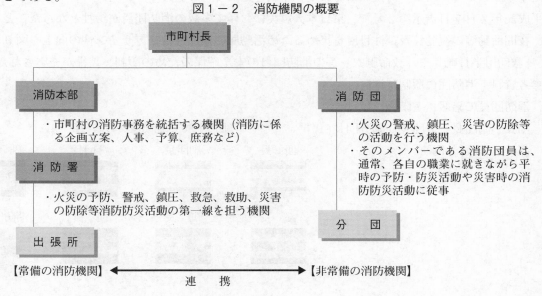

第3節　消防団の組織

1　組織

　消防団の設置、名称及び区域は、市町村の条例で定め、組織はその市町村の実情に則して、市町村の規則で制定されている。消防団の組織は、数個の分団、部、並びに班に分かれているのが通例であり、それぞれの組織に長が置かれている。市町村合併が促進された平成の大合併により、合併前の旧市、郡等に含まれる旧市町村において、支団や方面隊と称した組織を採る場合があった。また、一つの消防団とみなし、連合消防団としている場合もみられた。

　消防団の編成を例示すれば、次のとおりである。

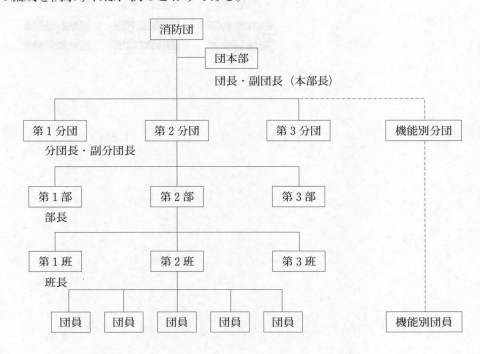

2　消防団員の服制

　　消防団員の服制は、消防庁が定める基準（昭和25年2月4日告示）に従い、市町村の規則で定めてあり、全国統一の階級等を定めている。阪神・淡路大震災以降大規模災害などに対応した消防活動を展開するに当たり、消防団員と消防吏員の統一感の確保をするために消防団員服制基準、消防吏員服制基準に名称をそれぞれ改め（平成13年3月30日改正）、災害活動がしやすいように活動服を新たに制定するなどして、新しい時代にふさわしい服制を定めている。

　　平成26年2月7日告示第2号で、東日本大震災において多数の消防団員が犠牲となったことを踏まえ、夜間活動等の視認性及び注目度を集めるため活動服の機能性及びデザイン性の向上を図り、加えて、「救助用半長靴」や「救命胴衣」等の消防団員の安全確保のための服制・装備が充実された。（巻末参考資料：消防団員服制基準）

(1)　消防団員の階級（7階級）

　　団長　副団長　分団長　副分団長
　　部長　班長　団員

図1-3　消防団員の階級章

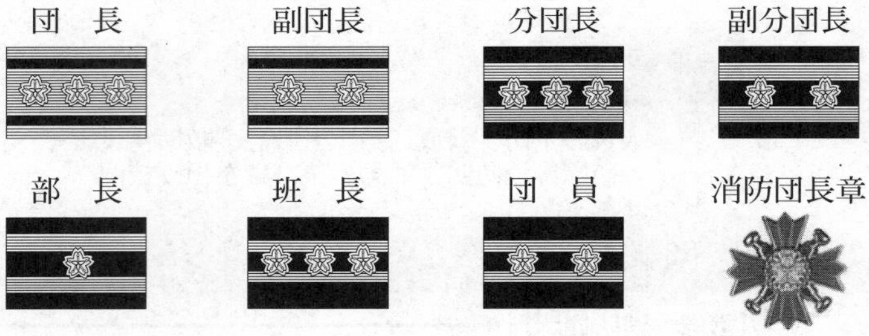

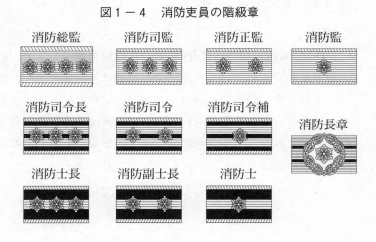

(2)　消防吏員の階級（10階級）

　　消防総監　消防司監　消防正監
消防監　消防司令長　消防司令　消防司令補　消防士長　消防副士長
消防士

図1-4　消防吏員の階級章

(3)　消防団員の冬服

【男性・女性団員】

・色は帽と同様とする。

(4)　消防団員の夏服

【男性・女性団員】

・色は夏上衣は淡青、夏下衣は夏帽と同様とする。

・女性の下衣は長ズボン、スカート又はキュロットスカートとする。

(5)　消防団員活動服

【男性・女性団員】

・「活動上衣」及び「活動ズボン」の形式について、紺色を基調とし、消防の象徴カラーであるオレンジ色を活用する従前の服制を踏襲しつつ、夜間活動時等の視認性及び注目度を高めるため、オレンジ色の配色を増やすこととされた。

・消防団員の安全確保の観点から、「消防団の装備の基準」の改正に基づき「救助用半長靴」が加えられ、形式が定められた。「救助用半長靴」の形式は、黒の編上式半長靴とし、靴底には踏抜き防止板を挿入し、釘等を踏んだ場合も貫通しないものであって、つま先には先しんを設け、重量物に圧迫された場合もつま先を保護するものとされた（平成26年2月7日改正）。

3　消防団旗

　消防団旗については、昭和22年12月 2 日内務省告示第362号「消防団旗制式」により下記のように定められている。

　この消防団旗に白く染抜かれた消防団徽章に桜の花を採用したのは、桜の花が日本の象徴であり、郷土愛護の精神を表したものであるとともに、桜の花のように潔しという心意気を表したものである。

(1)　消防団旗制式

□旗　　頭／金色鍍金消防団徽章（径82ミリ）

□大きさ／横・1,000ミリ

　　　　　縦・800ミリ

□地　　質／絹羽二重（塩瀬）拾地

□地　　色／えんじ

□徽　　章／消防団徽章を白く染抜く・徽章線は青色

□　縁　／えんじ絹糸織（15ミリ）

□　総　／黄絹線縄目ない（100ミリ）

□徽章径／480ミリ（旗の縦の長さの 5 分の 3）

□徽章中心／旗面の中心

□旗　　竿／樫黒塗・長さ約1,800ミリ

□団　　名／旗竿側に字画約80ミリの文字を以て表示

　　　　　　する（旗竿側端及び下端より60ミリを離

　　　　　　し、字と字の間は 5 ミリとする）

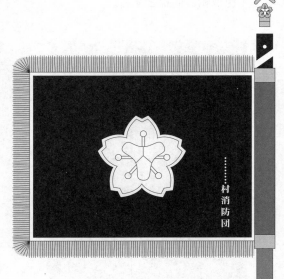

............村消防団

4　消防団員の法律上の地位

> 地方公務員法第 3 条　地方公務員の職は、一般職と特別職とに分ける。
> 　3　特別職は、次に掲げる職とする。
> 　　(5)　非常勤の消防団員及び水防団員の職
> 地方公務員法第 4 条　この法律の規定は、一般職に属するすべての地方公務員（以下「職員」という。）に適用する。
> 　2　この法律の規定は、法律に特別の定がある場合を除く外、特別職に属する地方公務員には適用しない。

　消防団長は、職務上消防団の事務を統括し、所属の消防団員を指揮監督し、消防団長に事故のあるときは、副団長が消防団長の職務を行い、他の消防団員も各階級、任務等に基づき、組織的に消防団事務を処理する。

消防団員に任命されると特別職の地
方公務員となる

消防団員は消防団長から任命される

　また、消防団員の法律上の身分は、大多数の消防団員が非常勤であり、このため、地方公務員法上、非常勤の消防団員は、「特別職の地方公務員」として、法律上の身分を有する。しかし、地方公務員法第 4 条第 2 項の規定により一般職の地方公務員が受ける各種の制約は受けるものではない。

　したがって、同法第36条に定める選挙運動等政治活動行為の制限もなく、消防団長をはじめ全消防団員が現職のまま公職に立候補することができる。ただし、公職選挙法第136条の 2 により、地位を利用しての選挙運動は禁止されている。

5　消防団と消防本部・消防署の関係

　消防団と消防本部及び消防署との関係は、法律上ともに市町村の消防機関であるが、形式上は職員の任免等などの行政面は一応切り離された独立の機関である。

消防団と消防本部・消防署は別々の団体であるが目的が同じ共存共栄の機関

　しかし、実質的現場活動面においては、消防組織法第18条第 3 項では「消防団は、消防長又は消防署長の所轄の下に行動するものとし、消防長又は消防署長の命令があるときは、その区域外においても行動することができる。」となっている。

　これは、消防行動を迅速かつ効果的に行うため、指揮系統の一元化を図ったものであり、いいかえれば、消防団は災害現場においては、消防長又は消防署長の大綱の指揮命令により消防活動を行うこととなる。すなわち、この現場指揮については、個々の団員に直接命令するものではなく、消防団長又は災害現場における消防団の上席指揮者を通じて行われるべきである（消防団員に対する指揮監督）。

消防指揮本部
〈指揮監督〉

　これは、指揮権の是非よりも、現有の消防機能を最大限に活用して災害を防除し、被害を軽減するため、いかにして、消防職員と消防団員が、車の両輪のように相互に協力して最も効率的に活動して、消防の任務を完遂し、消防の目的を達成することができるかにある。

　このためには、平素から、常備消防と非常備消防の出動計画、警備計画等の消防計画（事前計画）が十分になされていないと、消防機関の効率的運営がなされないのみならず、トラブルの原因ともなるおそれがある。

6   消防団等の現勢

　我が国の消防団のほとんどが非常備の消防組織として配置され、常備消防（消防署）と同様に市町村の消防機関であり、その構成員である消防団員は、権限と責任を有する非常勤特別職の地方公務員である。主に山間部や離島においては、常備消防団として活動されているが、団員の全部が本業を持ちながら、自らの意思に基づく参加、すなわちボランティアとしての性格も併せ有している。

　令和4年4月1日現在、全国の消防団数は2,196団、消防団員数は78万3,578人であり、消防団はすべての市町村に設置されている。

　消防団は、大規模災害時には住民の避難誘導や災害防ぎょ等を行っており、特に消防本部・消防署が設置されていない非常備町村にあっては、消防団が消防活動を全面的に担っているなど、地域の安全確保のために果たす役割は大きい。

　また、消防団は、平常時においても地域に密着した活動を展開しており、消防・防災力の向上、コミュニティの活性化に大きな役割を果たしている。

　消防団員の年齢構成は、40歳以上の団員が60.7％を占め、また、平均年齢は43.2歳となっている（図1−5）。

表1−1　消防団の現況と推移

年	消　防　団					消　防　本　部				
	消　防団　数	分　団	消防団常備部	消防団員	うち女性団員	消防本部数		消防署	出張所	消防職員
							組　合			
S 27	10,167	−	76	2,090,000		298	−	392	573	27,269
30	5,951	−	106	1,944,233		360	6	454	683	31,194
40	3,826	31,653	123	1,330,995		620	4	735	1,024	48,075
50	3,668	26,805	22	1,118,036		859	378	1,258	2,590	105,005
60	3,641	25,798	7	1,033,376		933	454	1,496	3,132	128,914
H 1	3,649	25,620	6	1,002,371	−	931	458	1,535	3,160	132,437
10	3,643	25,393	−	962,625	8,485	920	473	1,662	3,232	151,703
20	2,380	23,180	−	888,900	16,699	807	316	1,706	3,218	157,860
30	2,209	22,422	−	843,667	25,981	728	289	1,719	3,117	164,873
31	2,198	22,388	−	831,982	26,625	726	289	1,719	3,113	165,438
R 2	2,199	22,309	−	818,478	27,200	726	289	1,719	3,106	166,628
3	2,198	22,237	−	804,877	27,317	724	288	1,718	3,099	167,073
4	2,196	22,152	−	783,578	27,603	723	288	1,714	3,095	167,510

（注）各年とも4月1日現在の数である。

図1−5　消防団員の年齢構成

（令和4年4月1日現在）

- 60歳以上　8.2％
- 20歳未満　0.3％
- 20歳〜29歳　10.3％
- 50歳〜59歳　18.0％
- 平均年齢 43.2歳
- 消防団員数 783,578人
- 40歳〜49歳　34.5％
- 30歳〜39歳　28.7％

第2章　消防団の任務

　人々が社会共同生活を営むに当たっては、常に種々の災厄に脅かされている。

　その災厄は、地震・台風等のような自然現象的なものもあれば、産業災害や犯罪等のような人為的な災害もある。故に人類が、安全で幸福な社会生活を営むには、まず社会の秩序と公共の安寧が確保されねばならない。したがって、社会防衛の機関として、消防と警察に対する社会の期待は、大なるものがある。

　しかし、いかに社会の防衛機関といえども、自由に無制限に行動することは許されない。我が国は、法治国家であり、法律に定められた職務内容を、許された職務権限の範囲内で執行されなければならない。

第1節　消防の任務

　消防については、消防組織法及び消防法、その他水防法等により、任務遂行のための規定がなされている。

> （消防の任務）
> 消防組織法第1条　消防は、その施設及び人員を活用して、国民の生命、身体及び財産を火災から保護するとともに、水火災又は地震等の災害を防除し、及びこれらの災害による被害を軽減するほか、災害等による傷病者の搬送を適切に行うことを任務とする。

　したがって、消防の任務は、現在所有するその施設及び人員を最大限に活用して、
　1．火災から国民の生命、身体及び財産を保護すること。
　2．水火災又は地震等の災害を防除し、及びこれらの災害による被害を軽減すること。
　3．災害等による傷病者の搬送を適切に行うこと。
の三つに分類することができる。

　すなわち、1．については、こと火災に関しては、予防、警戒、鎮圧、救護等、あらゆる施設、人員を最大限に活用して、国民の生命、身体及び財産を保護しなければならないと規定しており、さらに2．については、水害、火災はもとより、地震、暴風、豪雨、豪雪、津波、山くずれ等の災害と名のつくものに対して、事前に直接的な原因となるものの除去を行うとともに、いったん発生した場合には災害による被害の拡大を防止して、その被害を最小限度にとどめることを任務として定めているが、いいかえれば、この任務を完全に遂行することは、消防の義務でもあるといえる。

　加えて、3．については、消防機関と医療機関とが強力な連携により、救急車の搬送時に傷病者の受け入れを円滑に実施するに当たり、傷病者の状況に応じた適切な医療の提供が行われる医療機関のリストを策定するなどして、傷病者をいち早く病院へ収容できる実施基準を定めるなどして、消防と医療機関が人命の尊重に努めるべき業務であることを明確化したものといえる。

　この任務は、常勤・非常勤を問わず、同じ任務であって消防職員も、消防団員にも、いささかの違いはない。同一である。

　したがって、いずれも各市町村で保有する施設や人員に多寡があっても、現有力を最大限に活用することも義務であり、任務でもある。ゆえに、この任務を完遂するために、消防職団員たるものは、常に消防業務に関しては、すべての知識と技術の修得に努めなければならない。いわゆる人的な面の科学化（消防隊員の科学化）が必要であろう。

　また、消防組織法第1条にいう災害の意義については、かつて「水害、地震、台風、津波、又は山くずれ等、比較的、人力によっては予防不可能と思われるような災害」、いわゆる自然災害と解されてい

たが、災害対策基本法（昭和36年法律第223号）第2条第1号において、その概念が示された。すなわち「暴風、竜巻、豪雨、豪雪、洪水、崖崩れ、土石流、高潮、地震、津波、噴火、地滑りその他の異常な自然現象又は大規模な火事若しくは爆発その他その及ぼす被害の程度においてこれらに類する政令で定める原因（放射性物質の大量の放出、多数の者の遭難を伴う船舶の沈没その他の大規模な事故）により生ずる被害」と定義して、自然的災害のほか、人為的災害をも含んでいるとしている。なお、災害の程度については、大災害のみでなく比較的小規模な事故等も、その範囲に包含されると解すべきである。

第2節　各関係法令に基づく任務

1　消防組織法関係

(1)　消防相互応援協定

消防組織法第39条の規定に基づき、市町村が消防の相互応援について必要な事項を定めたものである。

福岡県では、平成元年3月、福岡市が整備する消防ヘリコプター整備時に助成金を付与し、消防団や消防本部の部隊が福岡県内全域の市町村に応援活動ができる全国初の「福岡県消防相互応援協定」を知事・市町村長・消防協会・消防長会で締結している。このことは、あらゆる大規模災害に備えて、被災した市町村の消防団員や消防職員も被災者になることを想定し、地震や台風・大雨災害などの応急処置や、人命救助及び長期間にわたる行方不明捜索などで活動人員が不足することを予測して、被災していない市町村がカバーするシステムとして策定されたものである。

近年の大規模災害を鑑みて、多くの都道府県において、各都道府県下の全市町村及び消防の一部事務組合等が参加した広域的な消防相互応援協定が締結されている。

(2)　非常事態における消防庁長官等の措置要求等

消防組織法第44条の規定に基づき、応援要請の手続の明確化等を図り、消防機関及び都道府県の保有する消防防災ヘリコプターによる広域応援の積極的な活用を推進されている。

(3)　緊急消防援助隊

平成7年1月に発生した阪神・淡路大震災を契機として、国は大規模災害や特殊災害などに対応するために市町村又は都道府県の区域を越えて消防力の広域的な運用を図る必要があるとして、平成7年6月に全国の消防機関による消防応援を迅速・円滑に実施するための「緊急消防援助隊制度」を発足した（消防組織法第45条）。

(4)　消防防災ヘリコプターの広域的な活用

大規模災害の発生を鑑み総務省消防庁では、21世紀初頭までに全都道府県に消防防災ヘリコプターを導入する補助金制度を制定した。平成8年航空消防防災体制の確立を目的に都道府県と総務省で「全国航空消防防災協議会」を設立し、都道府県相互の応援体制を確立している。

令和4年11月1日現在、消防防災ヘリコプターは77機整備されており、総務省消防庁保有ヘリコプターは5機、道県42機、消防機関30機で沖縄県以外での整備が進んだ。また、ヘリコプター事故を防止するため、令和元年10月1日「消防防災ヘリコプターの運航に関する基準」が施行されている。

2　消防法関係

(1)　屋外火災予防行政に協力する（消防法第3条）。

実質的に、消防長又は消防署長並びに消防吏員の職務として実施されるが、これに側面的に協力する。

(2)　立入検査を実施する（消防法第4条）。

火災予防上特に必要があると認めた消防長又は消防署長の命令があったときは、火災予防のため、消防対策物に立ち入って、必要な検査又は質問をすることができる。

(3)　火災警報の発令時に、火災特別警戒等に従事する（消防法第22条第 3 項）。

(4)　火災警戒区域設定に協力する（消防法第23条の 2 ）。

(5)　火災現場における消防警戒区域の設定に従事する（消防法第28条）。

(6)　火災の鎮圧と人命救助に従事する（消防法第29条）。

(7)　火災時においては水利使用権に従事する（消防法第30条）。

(8)　消防の火災調査に協力する（消防法第31条）。

(9)　その他

3　水防法関係

市町村における水防の責任は、水防法第 3 条により規定され、市町村等の水防組織、水防活動、費用負担等を定めている。

消防は、その水防機関として水防活動に従事する任務が課せられる。

また、都道府県は、その区域における水防管理団体が行う水防が十分に行われるように確保すべき責任を有する。

4　災害対策基本法関係

消防機関は、災害対策基本法第 5 条に基づく市町村の防災行政の執行に当たっては、市町村長の補助機関として、その業務を遂行しなければならない。

5　国民保護法関係

大規模なテロや武力攻撃が発生したときは、「市町村の国民の保護に関する計画」に沿って、攻撃の危険がなく、安全が確保される中で、内閣総理大臣から発令される「警報」や「避難」の方法を、住民に伝達したり避難住民の誘導を行うなど、市町村職員や消防職員と協力して実施する。また、テロや攻撃により災害が発生した場合は、消防組織法等に基づく消火活動や負傷者の応急手当など、被害の最小化を果たさなければならない（武力攻撃事態等における国民の保護のための措置に関する法律（平成16年法律第112号）第16条・第62条・第66条・第97条第 7 項）。

6　消防力の整備指針関係

消防の責任を十分に果たすために必要な施設（ポンプ車など）や人員（団員数）を配置するため、消防団に求められる消防力を整備するには、消防力の整備指針（平成12年消防庁告示第 1 号）第36条に基づき、合理的な根拠となる算定方法や消防団の業務などを明確化しておくことが重要である。

表1－2　消防団が行う業務の具体的な例

①　消火に関する業務	・消火活動 ・火災発生時における連絡業務 ・火災現場における警戒（鎮火後の警戒を含む。） ・操法訓練等 ・資機材の整備、点検 ・消防水利確保のための草刈り等
②　火災予防、警戒に関する業務	・防火訓練、広報活動等の火災予防活動 ・防火指導を兼ねた独居老人宅への戸別訪問 ・年末警戒 ・夜回り ・花火大会等における警戒
③　救助に関する業務	・水難救助活動 ・山岳救助活動 ・交通事故等における救助活動 ・救助事故現場における警戒 ・行方不明者の捜索
④　地震、風水害等の災害の予防、警戒及び防除並びに災害時における住民の避難誘導等に関する業務	・住民の避難、誘導 ・災害防除活動 ・災害現場における警戒 ・災害発生時における連絡業務 ・危険箇所の警戒
⑤　武力攻撃事態等における警報の伝達、住民の避難誘導等国民の保護のための措置に関する業務	・警報や避難方法の住民への伝達 ・避難住民の誘導 ・災害への対処
⑥　地域住民（自主防災組織等を含む。）等に対する指導、協力、支援及び啓発に関する業務	・自主防災組織に対する協力、支援 ・応急手当の普及指導 ・祭り、イベント等での警戒、会場整理 ・スポーツ大会等への参加を通じた防災意識の啓発 ・木遣りや音楽隊等の活動を通じた防災意識の啓発 ・老人ホーム等各種施設、団体での防火啓発
⑦　消防団の庶務の処理等業務	・業務計画の策定 ・経理事務 ・団員の募集 ・広報誌の発行 ・その他、庶務関係事務
⑧　地域の実情に応じて、特に必要とされる業務	・雪国における独居老人宅等の除雪

第3章　消防団の充実強化

　消防団組織で活動する団員は、日ごろは生業を持ちながら、地域における防災体制の中核的存在として「自らの地域は自らで守る」という崇高なる郷土愛護の精神に基づいて、昼夜を問わず災害活動に従事する、地域住民により構成された人たちである。

　地震、台風、豪雨災害、竜巻災害をはじめ、武力攻撃事態や大規模テロ等の緊急事態に対処するなど、地域の安心・安全を確保するため、各地域において防災リーダーとして重要な役割を担っており、日本国民が消防団に寄せる期待は益々高まっている。

　しかしながら、地域防災の要である消防団員は年々減少し、公的消防団組織の設立当初の昭和22年に全国で210万人もいた消防団員は、平成元年には100万人をきって、今では80万人を割っている。これは、社会全体の高齢化・少子化や、現有消防団員の約7割もが企業等に勤めるサラリーマンにより構成されているため遠隔地への会社勤務が優先されるなどの理由により、消防団員の減少傾向に歯止めがかからない状況を示している。

　地球規模による環境の悪化に伴う異常気象や周辺諸国による異常事態など、あらゆる災害の発生に備えて地域の消防防災力を確保するためには、消防団が社会・国家に幅広く貢献していることを多くの国民に理解させる抜本的な対策が不可欠となっている。

第1節　消防団組織・制度の多様化とその対応策

　消防団員確保における対応策の一つとして、消防団員に協力する企業等の社会的参加意欲の向上や消防団組織の活性化を図り、その機能やイメージアップを図る観点から、従来の基本団員に加え「機能別団員」や「機能別分団」の組織化を推進し、教職員や公務員をはじめ団体職員や会社員などへの更なる積極的勧誘のため、民間企業等に対する「消防団協力事業所表示制度」が平成18年11月29日から実施されている。

　総務省消防庁では「消防団員確保相談窓口」を設置するなど、都道府県及び市町村の消防団事務に携わっている者への具体的なアドバイスを行っており、平成19年1月1日には「総務省消防庁消防団協力事業所表示制度実施要綱」が制定され、消防団に協力している実績が特に顕著な事業所に対し、「総務省消防庁表示証」が交付されている。

　この表示マークは、第一義的には市町村や消防本部、消防団から交付されるものである。

　消防団の充実強化を図る視点に立って、平成18年に、より多くの国民から理解を求めるため、広く一般企業等から表示制度表示マークとして使用するロゴマークが募集された。全国から768作品にも及ぶ多くの応募作品の中から、日本を代表する漫画家で「宇宙戦艦ヤマト」や「銀河鉄道999」の原作者である松本零士氏を審査委員長とした「消防団協力事業所表示制度表示マーク審査委員会」により最優秀作品が決定されるなど、消防団の充実強化に向かってあらゆる面で対策が講じられている。

松本零士審査委員長のコメント
　消防団協力事業所の表示マークとして遠くから見ても分かりやすく、そして、消防のイメージに相応しい品格があり、パワーの漲る作品を選びました。私は、マークとか絵を描くのが大好きで、また、消防は常に心の頼りにしているということもあり、今回の審査は楽しみながら、そして一生懸命にさせていただきました。全国の多くの事業所が、地域の消防団へ協力を行い、このマークを表示されることを期待しています。

表示マークをデザインした最優秀作品者のコメント
　消防のイメージである朱色を使い、事業所の消防団への協力を消防団員と事業所の従業員をイメージした輪の連結で力強く表現しました。また、マークはハート型をしており、これは地域を思う心を併せて表現しました。このマークにより、広く「消防団協力事業所表示制度」が社会に認知され、消防団活動の活性化が図られればと思っています。

※消防団協力事業所表示制度
表示マーク

消防団協力事業所表示制度イメージ図

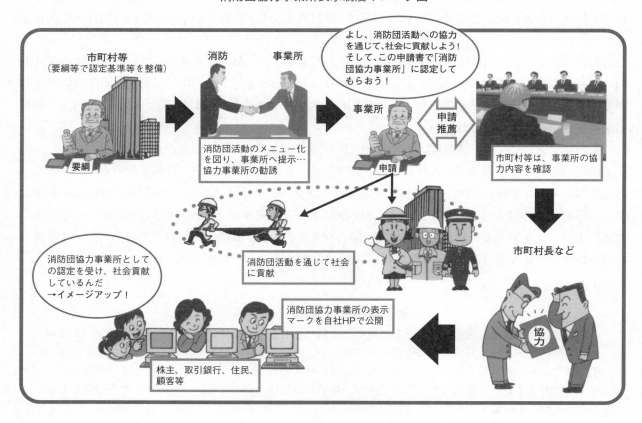

第2節　機能別団員

地域の安全安心のため消防団に加入したいが職務上の都合や体力的状況等で正規の基本団員とは同様の活動ができない人たちに対し、入団時において参加する活動や役割を決めておく制度をいい、特定の活動のみに参加する消防団員を指す。

【具体例】

　シルバー消防団員（OB団員、OB消防職員）、大学生消防団員、郵便局勤務消防団員、運送業避難輸送消防団員、船舶業水上消防団員、重機保有特殊救助消防団員など。

機能別団員及び機能別分団の概要

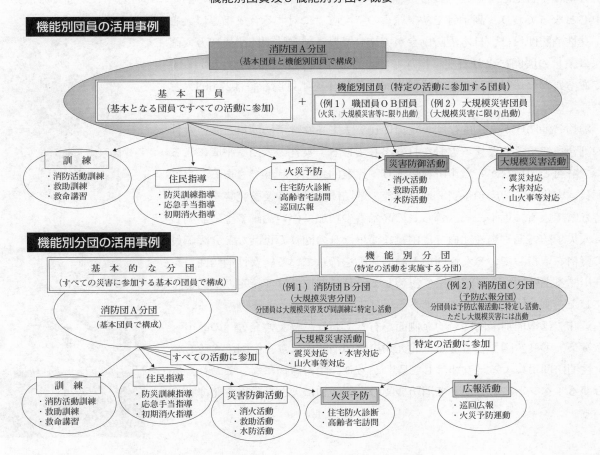

第3節　機能別分団

消防団に求められる役割の一つを重点的に実施することを目的とした、特定の役割・活動を実施する分団・部を設置し、これに所属する消防団員として特定の活動・役割のみを実施する分団等を指す。

【具体例】

　巡回広報や火災予防運動などの広報活動

　住宅防火診断や高齢者宅訪問などの火災予防

　防災情報や避難情報の提供、避難誘導支援、負傷者救護、警戒監視などの活動

　など。

第4章　女性消防団員

　女性消防団員の発足は、離島や漁村部において長期間男性が不在になることから、男性に代わって火災から地域を守るため、明治43年3月、山形県酒田市飛島で「婦人防火組」が組織された。これが我が国で最初の女性消防組織であり、その後、大正3年に正式に消防団員に任命された。ボランティアとしての婦人消防隊員や婦人防火クラブ員とは異なり、男性団員と同様の特別職の地方公務員となる。

　地域によっては、その活動が異なるが、災害活動の他に住宅防火の訪問や査察をはじめ、事業所等の防火指導や各地区での応急救護指導及び広報活動など、火災予防面の消防におけるソフト面での活動が中心となっており、高齢者や幼年児童の要配慮者に対する育成指導に大きな役割を果たしている。

　女性消防団員は、日本消防協会が実施している「女性消防団員10万人確保事業」の展開により着実に増加しており、平成2年には2,000人足らずであったが平成12年は1万人を超えて、令和4年4月現在では27,603人となっている。

　総務省消防庁が全国的に団員定員の10％までを女性消防団員とし、女性の割合を増やそうとする方針を打ち出している。女性の入団を平成に入るまで許可していなかった市町村もあり、比較的新しい制度でもある。女性団員は火災予防・応急手当・地域交流・消防団活動の普及啓発等を主に期待されている。近年、一人暮らしの高齢者の増加に伴い高齢者宅に訪問して火災予防啓発や男性団員では困難な簡単な身の回りの世話など介護職員の資格を取得している女性団員が訪問活動を行っている。女性消防団員を採用する消防団は全都道府県に浸透しており、女性だけで特定の活動に特化した一個分団ないし部隊、部あるいは班を編成している事例もある。その意味では機能別消防団員的な側面を有しており、普及啓発専門の鼓笛・吹奏楽・ドリル隊などもある。北九州市門司消防団には、全国でも珍しい女性消防団員による「女組はしご隊」があり、門司名物になっており、あらゆるイベントにも参加して消防機関の広報活動に大きな効果を発揮している。

女性消防団員活動事例

　全国消防団員の中で女性団員が占める割合は3.5％であり、令和4年では前年と比べて286人増加（1.0％増）し、年々増加しているものの総務省消防庁の目標値である全消防団員の10％にはほど遠い現状にある。

　積極的に女性消防団員を採用し、有効的に活用している全国各地の活動事例を紹介する。

熊本県津奈木町消防団女性分団

津奈木町は漁業を主体とする地区であり、男性が漁で不在となるため昼間に発生した火災等の災害時には女性が一致団結して対処しなければならないことから、昭和26年に女性だけの消防分団が誕生した。平成30年4月1日現在、28名の女性消防団員が第一線で男性団員同様の活動を行っている。

千葉県柏市消防団女性分団

　初の女性消防分団として、14名で平成26年に発足し、活動している。

　平常時はAEDの普及啓発等の救命サポート隊として活動するほか、パネルシアターを上演するなど保育園等で未就学児を対象に防災意識の醸成に寄与している。柏市消防音楽隊として消防職員と共に活動する女性団員もおり、火災予防広報のために独自のユニホームやコロナ感染防止対策用マスク等を作成するなど、女性ならではの目線で災害に強いまちづくりに向けた活動を展開している。

図1－6　女性消防団員の活躍

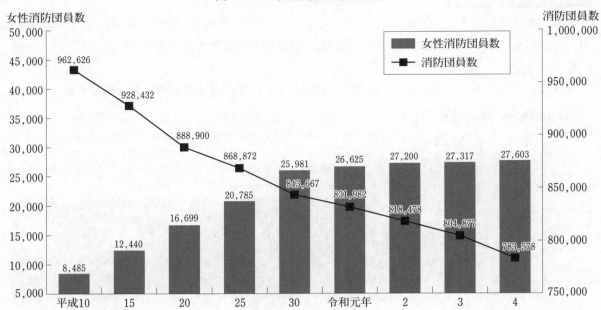

第5章　表彰制度

第1節　叙位、叙勲

1　表彰

　　勲章、褒章等の栄典の授与は、日本国憲法第7条に基づき、内閣の助言と承認により天皇が行う国事行為として実施されているものである。消防関係者等に対して行われる表彰には、叙位、叙勲、褒章をはじめ内閣総理大臣表彰及び消防庁長官表彰など消防業務に精励する消防団員等に対して、その功績を広く一般に知らせるとともに、危険な業務に立ち向かう消防人の志気を鼓舞することを目的として行われる奨励制度といってもよい。国が行う表彰制度のほか、都道府県知事及び市町村長表彰をはじめ日本消防協会、都道府県消防協会、全国消防長会等の各種の表彰がなされている。

叙位、叙勲、長官表彰等体系

```
叙　位 ──── 正一位～従八位（16階級）

叙　勲 ──┬ 大勲位菊花章 ──┬ 大勲位菊花章頸飾
         │                 └ 大勲位菊花大綬章
         ├ 桐花大綬章
         ├ 旭日章 ──┬ 旭日大綬章
         │          ├ 旭日重光章
         │          ├ 旭日中綬章
         │          ├ 旭日小綬章
         │          ├ 旭日双光章
         │          └ 旭日単光章
         ├ 瑞宝章 ──┬ 瑞宝大綬章
         │          ├ 瑞宝重光章
         │          ├ 瑞宝中綬章
         │          ├ 瑞宝小綬章
         │          ├ 瑞宝双光章
         │          └ 瑞宝単光章
         ├ 宝冠章 ──┬ 宝冠大綬章
         │          ├ 宝冠牡丹章
         │          ├ 宝冠白蝶章
         │          ├ 宝冠藤花章
         │          ├ 宝冠杏葉章
         │          └ 宝冠波光章
         └ 文化勲章

褒　章 ──┬ 紅綬褒章
         ├ 緑綬褒章
         ├ 黄綬褒章
         ├ 紫綬褒章
         ├ 藍綬褒章
         └ 紺綬褒章

内閣総理大臣表彰 ──┬ 安全功労者表彰
                   └ 防災功労者表彰

総務大臣表彰 ──┬ 安全功労者表彰
               ├ 消防功労者表彰
               ├ 救急功労者表彰
               ├ 防災まちづくり表彰
               ├ 優良少年消防クラブ及び優良少年消防クラブ指導者表彰
               └ 石油コンビナート等における自衛防災組織の技能コンテスト

消防庁長官表彰 ──┬ 定例表彰 ──┬ 功労章
                 │            ├ 永年勤続功労章
                 │            ├ 表彰旗
                 │            └ 竿頭綬
                 └ 随時表彰 ──┬ 特別功労章
                              ├ 顕功章
                              ├ 功績章
                              ├ 顕彰状
                              ├ 国際協力功労章
                              ├ 防災功労者表彰
                              ├ 表彰状
                              └ 賞状
```

大勲位菊花章頸飾

大勲位菊花大綬章・副章（右
下）・略綬（左下）

桐花大綬章・副章（右下）・略
綬（左下）

瑞宝大綬章・副章（右下）・略
綬（左下）

瑞宝重光章・副章（右）・略綬
（中）

瑞宝中綬章・略綬（左）

瑞宝小綬章・略綬（左）

瑞宝双光章・略綬（左）

瑞宝単光章・略綬（左）

文化勲章・略綬（左）

紅綬褒章

（出典：内閣府ホームページ）

2　表彰の種別

(1)　叙位

　　叙位は、国家又は社会公共に対して功労のある者をその功労の程度に応じて、死没者に対して「位」を授与し、栄誉を称えるものである。聖徳太子が創設した冠位十二階の制に由来する我が国で最も古い制度であり、歴史や文化にかかわりのある日本固有の制度として価値あるもので功績のある者が死亡した際に、生涯の功績を称え追悼の意を表するものである。

＜消防団員の対象基準＞

　　消防歴が原則30年以上の者であり、かつ以下のどれかを満たす者

ア　日本消防協会の会長、副会長又は理事若しくは都道府県消防協会の会長の職を10年以上歴任した者

イ　大規模の消防団（団員数が500人以上）の団長の職に10年以上在職し、かつ、日本消防協会の役員、評議員又は都道府県消防協会の役員を10年以上歴任した者

ウ　消防団長の職に20年以上在職し、かつ、消防歴30年以上の者

エ　消防団長の職に10年以上20年未満在職した者にあっては、消防副団長の在職年数の１／２を加算して得た年数が20年以上で、かつ、消防歴40年以上の者

(2)　叙勲

　　叙勲は、国の発展に貢献し、あるいは社会公共の福祉の増進に寄与した功労のある者に対して勲章を授与し、栄誉を称えるものである。平成14年８月７日、閣議決定により栄典制度が見直され、著しく危険性の高い業務に精励した者（消防官、警察官、自衛官等）を対象とする危険業務従事者叙勲が創設された。これにより、消防関係の叙勲は、次の種類に分けられる。

①　春秋叙勲

　　国の発展に貢献し、あるいは社会公共の福祉の増進に寄与した功績顕著な者に授与される。春は４月29日の「昭和の日」、秋は11月３日の「文化の日」に実施される。叙勲候補者は一類と二類に分類され、対象基準は次のとおりである。

　⑴　叙勲候補者

　　ア　一類

　　　　年齢70歳以上の者

　　イ　二類

　　　　年齢55歳以上の者で次の(ア)又は(イ)に掲げる者

　　　(ア)　精神的又は肉体的に著しく労苦の多い環境において業務に精励した者

　　　(イ)　人目につきにくい分野にあって多年にわたり業務に精励した者

　⑵　選考基準

　　ア　一類

　　　　団長の階級に10年以上在職し、かつ、団長の在職年月数に副団長以下の在職年月数の１／２を加算した年月数が15年以上の者であること。

　　　　なお、平成12年４月１日から平成22年３月31日までに行われた市町村合併に伴う消防団の統合に伴い、合併前に団長の階級にあり、合併後に本人の責によらない理由で形式的に副団長に降格となった者について、合併前団長歴が５年以上の者については、合併後副団長歴をそのまま団長歴に加算することができる。

　　イ　二類

　　　　次に掲げる区分ごとにそれぞれ対応する団員としての在職年月数を満たしている者であること。

　　　(ア)　団長の階級の在職期間が10年未満の者又は副団長の階級の在職期間が10年以上の者

30年以上

　　　(ｲ)　副団長の階級の在職期間が10年未満の者又は分団長若しくは副分団長の階級にあった者
　　　35年以上
　　　(ｳ)　部長の階級にあった者（特別な功績のある者に限る。）　　　　　　　　　　40年以上
　②　危険業務従事者叙勲
　　　著しく危険性の高い業務に精励した者に授与されるもので、国家又は公共に対し功労のある55歳以上の消防官、警察官、自衛官などに対して授与される。春秋叙勲の日に発令され、年2回に分けられて授与される。消防団員は対象とされない。
　③　高齢者叙勲
　　　春秋叙勲又は危険業務従事者叙勲によりいまだ勲章を授与されていない功労者のうち、88歳（米寿）になった者に対して授与されるもので、毎月1日付けで実施される。
　　　なお、88歳の年齢に達する前月の10日前に上申することとされている。
　④　死亡叙勲
　　　一定の年数以上勤務した消防吏員及び団員で退職後又は在職中に死亡した功労者に対して授与されるもので、随時実施される。消防団員については、生前の功労が特に顕著な者で消防庁長官表彰を受章した者に限られる。その運用基準は、次のとおりである。
　ア　団長の職に10年以上在職した者にあっては、団長の在職年数に副団長以下の在職年数の1／2を加算して得た年数が15年以上であること。
　イ　副団長の在職年数が10年以上の者又は団長の在職年数が10年未満の者にあっては、消防歴を通算して30年以上であること。
　ウ　分団長又は副分団長の者若しくは副団長の在職年数が10年未満の者にあっては、消防歴を通算して40年以上であること。
　　　なお、死亡した日から2週間以内に上申することとされている。
　⑤　緊急叙勲
　　　風水害、地震災害、その他非常災害に際し、身命の危険を冒して、人命を救助し、被害を最小限度に防除する等消防任務遂行中顕著な功労をあげた者で、殉職者を中心に消防団員、消防吏員及び消防協力者に随時授与される。
　　　なお、事案発生の都度、早急に連絡することとされている。

第2節　褒　章

　叙勲が生涯にわたる国家・公共に対する功績を総合的に評価して行われるものであるのに対して、褒章は、特定の分野における善行等を表彰するものであり、紅綬・緑綬・黄綬・紫綬・藍綬・紺綬の6種類の褒章があり、自己の危険を顧みず人命救助に尽力した者、業務に精励し他の模範となるべき者、学術、芸術、産業の振興に多大な功績を残した者、その他公益のため私財を寄附した者等に対して褒章を授与して栄誉を称えることとされている。消防関係者では、功績の内容によって以下の褒章が授与される。

1　紅綬褒章
　火災等に際し、身を挺して人命救助に尽力した者を対象としている。

2　黄綬褒章
　消防関係業務に精励し衆民の模範である者を対象としている。

3　藍綬褒章
　永年にわたり、消防業務に従事しその功績が顕著な消防団員及び婦人（女性）防火クラブ役員並びに永年にわたり、消防機器製造業等に従事しその功績が顕著な者を対象としている。

4　紺綬褒章
　消防関係機関等に対し、一定の金額（個人500万円、団体1,000万円）以上の寄附を行った個人又は団体を対象としている。

第 3 節　大臣表彰

1　内閣総理大臣表彰

　　昭和36年 5 月 6 日の閣議において「国民安全の日」が創設され、これ以降、閣議了解に基づき、安全功労者表彰と防災功労者表彰の二つの表彰があり、表彰状に記念品が添えられ授与されている。総務大臣表彰受賞者及び消防庁長官が行う防災功労者表彰等の受賞者のうち、特に功労が顕著な個人又は団体について内閣総理大臣から表彰される。

　⑴　安全功労者表彰

　　　火災等、主として人為的災害による国民の生命、身体、財産の安全の確保に関して、国民の安全に対する運動の組織及び運営について顕著な成績をあげ、又は功績があった者等が毎年 7 月 1 日の「国民安全の日」にちなみ、 7 月上旬に内閣総理大臣から表彰される。

　⑵　防災功労者表彰

　　　風水害、地震等の自然現象による防災活動について顕著な功績があった者や防災技術の研究開発など防災思想の普及又は防災体制の整備について顕著な功績があった者等が毎年 9 月 1 日の「防災の日」にちなみ、 9 月上旬に内閣総理大臣から表彰される。

2　総務大臣表彰

　　安全思想の普及徹底又は安全水準の向上のため、各種安全運動、安全のための研究若しくは教育又は災害の発生の防止若しくは被害軽減に尽力し、又は貢献した個人又は団体などが総務大臣から表彰される。

　⑴　安全功労者表彰

　　　安全思想の普及、安全水準の向上等のために顕著な成績を上げ、又は功労があった個人や消防機関以外の団体が総務大臣から表彰される。

　⑵　消防功労者表彰

　　　広く地域消防のリーダーとして地域社会の安全確保、防災思想の普及、消防施設の整備その他の災害の防ぎょに関する対策の実施について功績顕著な消防団員及び女性（婦人）防火クラブ役員が総務大臣から表彰される。

　⑶　救急功労者表彰

　　　救急業務の推進に貢献し、国民の生命身体を守るとともに社会公共の福祉の増進に顕著な功績があった者が総務大臣から表彰される。

　⑷　防災まちづくり大賞

　　　地方公共団体、自主防災組織、教育機関、まちづくり協議会等における防災に関する優れた取組、工夫・アイディア等、防災や住宅防火に関する幅広い視点からの効果的な取組等を推奨し、災害に強い安全なまちづくりの一層の推進に資することを目的として総務大臣から表彰される。

　⑸　優良少年消防クラブ及び優良少年消防クラブ指導者表彰

　　　火災予防及び防災に関する思想の普及に貢献している少年消防クラブや少年消防クラブ指導者の意識高揚とクラブ活動の活性化を図ることを目的として総務大臣から表彰される。

　⑹　石油コンビナート等における自衛防災組織の技能コンテスト

　　　石油コンビナート等において、自衛防災組織等の技能コンテストを実施し、その技能が特に優良な組織が総務大臣から表彰される。

第 4 節　消防庁長官表彰

　消防表彰規程に基づき、消防業務に従事する消防職員、消防団員及び一般人の個人、団体に対して、その功績等が顕著なものに表彰の種類により定例表彰と随時表彰に大別して表彰旗、徽章、表彰状等を

授与して表彰される。

1　表彰の種類

(1)　表彰旗、徽章、表彰状を授与して行う表彰

① 特別功労章を授与して行う表彰

② 顕功章を授与して行う表彰

③ 功績章を授与して行う表彰

④ 功労章を授与して行う表彰

⑤ 永年勤続功労章を授与して行う表彰

⑥ 国際協力功労章を授与して行う表彰

⑦ 顕彰状を授与して行う表彰

⑧ 表彰旗を授与して行う表彰

⑨ 竿頭綬を授与して行う表彰

⑩ 表彰状を授与して行う表彰

⑪ 賞状を授与して行う表彰

竿頭綬　　　　　表彰旗

特別功労章　　顕功章　　功績章　　功労章　　永年勤続功労章　国際協力功労章

2　定例表彰

　毎年3月7日の消防記念日にちなみ、3月上旬に実施されるもので、その種類と対象者は次のとおりである。

(1)　功労章

　防火思想の普及、消防施設の整備その他災害の防ぎょに関する対策の実施についてその成績が特に優秀な者を対象としている。

(2)　永年勤続功労章

　永年勤続し、その勤務成績が優秀で、他の模範と認められる者を対象としている。

(3)　表彰旗及び竿頭綬

　防火思想の普及、消防施設の整備その他災害防ぎょに関する対策の実施について他の模範と認められる消防機関を対象としている。

3　随時表彰

　災害現場等における人命救助など、現場功労を対象に事案発生の都度実施されるもので、その種類と対象は以下のとおりである。

(1)　特別功労章

　災害に際して消防作業に従事し、功労抜群で他の模範と認められる消防職員、消防団員等を対象としている。

(2)　顕功章

　災害に際して消防作業に従事し、特に顕著な功労があると認められる消防職員、消防団員等を対象としている。

(3)　功績章

　災害に際して消防作業に従事し、多大な功績があると認められる消防職員、消防団員等を対象としている。

(4)　顕彰状

　　職務遂行中死亡した者を対象としている。

(5)　国際協力功労章

　　「国際緊急援助隊の派遣に関する法律」に基づき派遣され、救急活動等に従事し、功労顕著な者を対象としている。

(6)　防災功労者表彰

　　災害における防災活動について顕著な功績がある又は防災思想の普及等についてその成績が特に優秀な者を対象としている。

(7)　表彰状

　　災害に際して、消防作業に従事し、顕著な功労をあげ、又は防災思想の普及等について優秀な成績を収めた者を対象としている。

(8)　賞状

　　災害に際して、消防作業に従事し、功労が顕著と認められる又は他の模範として推奨されるべき功績が認められる者を対象としている。

4　消防庁長官褒状、消防庁長官感謝状

(1)　消防庁長官褒状

　　災害等に際し、住民の安全確保等について、その功労顕著な消防機関等に対しては、消防庁長官褒状授与内規に基づき消防庁長官褒状が授与される。

(2)　消防庁長官感謝状

　　消防の発展に協力し、その功績顕著な部外の個人又は団体に対しては、消防庁長官感謝状授与内規に基づき消防庁長官感謝状が授与される。

5　消防庁長官が消防関係の各分野において功労のあった者に対し表彰するもの

①　危険物保安功労者表彰
②　優良危険物関係事業所表彰
③　危険物安全週間推進標語表彰
④　危険物事故防止対策論文表彰
⑤　救急功労者表彰
⑥　消防設備保守関係功労者表彰
⑦　優良消防用設備等表彰
⑧　消防機器開発普及功労者表彰
⑨　消防防災科学技術賞
⑩　防災まちづくり大賞
⑪　消防団等地域活動表彰

　　地域に密着し、他の模範となる活動を行っている消防団や、消防団活動への深い理解や協力を示し、地域防災力の向上に寄与している事業所等を表彰している。

⑫　優良少年消防クラブ表彰
⑬　石油コンビナート等における自衛防災組織の技能コンテスト
⑭　予防業務優良事例表彰

6　賞じゅつ金を支給して行う表彰

　　この表彰は、災害に際し、一身の危険を顧みることなく職務を遂行して傷害を受け、そのため死亡し又は障害の状態となった消防職員、消防団員又は消防庁職員等が、その功労により特別功労章、顕功章又は功績章を授与されたときは、消防庁長官は、当該消防職員、消防団員又は消防庁職員等に賞じゅつ金を支給して表彰する。

(1)　賞じゅつ金の種類

①　殉職者賞じゅつ金

　　殉職者賞じゅつ金は、業務遂行中又はその傷害により死亡した消防職員、消防団員又は消防庁職員等の遺族に、その功労の程度に応じ490万円以上2,520万円まで支給される。

②　障害者賞じゅつ金

　　障害者賞じゅつ金は、業務遂行に際し傷害を受け障害の状態となった消防職員、消防団員又は消防庁職員等に功労の程度及び障害の等級に応じ190万円以上2,060万円まで支給される。

③　殉職者特別賞じゅつ金制度

　　次の要件のすべてに該当する消防職員、消防団員又は消防庁職員等に対し、殉職者特別賞じゅつ金3,000万円が支給される。なお、この殉職者特別賞じゅつ金と賞じゅつ金とは併給されないものである。

ア　命を受け、特に生命の危険が当初から予想される災害現場へ出動したものであること。

イ　生命の危険を顧みることなく、その職務を遂行して傷害を受け、そのため殉職を遂げたものであること。

ウ　当該功労により消防庁長官表彰の特別功労章が授与されたものであること。

7　退職消防団員報償

　この報償は、消防業務の特殊性にかんがみ、15年以上勤務して退職した消防団員に対しその在職中における労苦に報いるとともに、現職消防団員の士気の高揚を目的として、消防庁長官が退職消防団員の精神面に対する報償を行うため、賞状に記念品（銀杯）を添えて表彰するものである。

　なお、この報償は、市町村の行う消防団員退職報償金の支給に併せて行われるものである。

(1)　報償（賞状及び銀杯）の種類と運用基準

①　報償は消防団員の階級とは関係なく勤続年数により次のように区分される。

ア　第1号報償は、25年以上勤続して退職した消防団員に授与される。

イ　第2号報償は、15年以上25年未満勤続して退職した消防団員に授与される。

②　第1号報償又は第2号報償のいずれかを受賞したことのある者は、その後、新たに基準年数を満たして退職しても再度報償は行わない（1回限り）。

③　消防団員が死亡した場合には、退職報償金を受けた遺族に伝達する。

(2)　市町村が行う退職報償金制度

　消防組織法第25条により、市町村は消防団員が多年にわたりその職に勤め、退職した場合には、条例の定めるところにより団員又はその遺族に退職報償金を支給しなければならないとされている。

　この退職報償金は、昭和39年度に消防団員確保のための処遇改善措置の一環として創設されたものであり、多年の労苦に対し、市町村から退職された消防団員に支給される金一封的な功労金としての性格をもつ金銭給付である。

　退職報償金の支給額は、5年以上（合算の場合も含む。）勤務して退職した消防団員の階級及び勤務年数に応じて、政令に基づいた市町村等の条例により定められている（消防団員等公務災害補償等責任共済等に関する法律施行令別表参照）。

　消防団員の退職報償金は、表1－3のとおりである。

表1－3　退職報償金支給額

（単位：円）

階　級	勤　務　年　数					
	5年以上 10年未満	10年以上 15年未満	15年以上 20年未満	20年以上 25年未満	25年以上 30年未満	30年以上
団　　　　長	239,000	344,000	459,000	594,000	779,000	979,000
副　団　長	229,000	329,000	429,000	534,000	709,000	909,000
分　団　長	219,000	318,000	413,000	513,000	659,000	849,000
副　分　団　長	214,000	303,000	388,000	478,000	624,000	809,000
部長及び班長	204,000	283,000	358,000	438,000	564,000	734,000
団　　　　員	200,000	264,000	334,000	409,000	519,000	689,000

〈令和5年2月1日現在〉

第5節　日本消防協会表彰

1　表彰旗

　表彰旗は、規律厳正にして技能熟達し、かつ、各般の施設を充実し平素よく消防の使命達成に努め、その成績が抜群である消防団に対する表彰。

2　竿頭綬

　表彰旗による表彰に準ずる消防団に対する表彰。

3　功労章

　功労章は、災害現場において危険をおかして功労抜群の活動をし、一般の模範である消防団員に対する表彰。

4　功績章

　功績章は、その地方の消防に画期的刷新を加え、地方の名望を一身に受けた消防団に対する表彰又は、永年勤務勉励、技能熟達し、かつ、平素より率先垂範して消防の使命を尽し、その功績顕著な消防団員に対する表彰。

5　精績章

　精績章は、永年勤続し消防業務に関し率先垂範し、その成績が優秀な消防団員に対する表彰。

6　勤続章

　勤続章は、勤続30年以上職務に精励した消防団員に対する表彰。

特別功労章　　　　　　功績章　　　　　　精績章　　　　　　勤続章

参考　消防育英会の制度

　消防育英会は、昭和42年に設立された公益財団法人で、消防業務遂行のため死亡又は障害を受けた消防職団員の子弟に対し、経済的理由により就学困難な場合奨学金を支給するものである。また、学校に進学する際、小・中・高校生に50,000円、大学生には120,000円の入学一時金が給付される。なお、奨学金の額は**表1－4**のとおりである。

表1-4

学 校 別	奨 学 金 月 額	
	特に困難な者・自宅外通学生	その他・自宅通学生
⑴ 大学（高等専門学校4年から5年の学年に在学する者を含む。）に在学する者。	41,000円	29,000円
⑵ 高等学校（特別支援学校高等部、高等専門学校3年以下に在学する者及び専修学校を含む。）に在学する者。	23,000円	18,000円
⑶ 中学校又は特別支援学校中学部及び小学部に在学する者。	10,000円	
⑷ 小学校に在学する者。	9,000円	

〈令和5年2月1日現在〉

なお、身体障害の程度によっては上記⑴～⑷の額に、表1-5の減額率を乗じて得た額を給付する。

表1-5

政令別表に定める障害等級	減額率
第1級～第3級	減額しない
第4級	10%
第5級	20%
第6級	30%
第7級	40%

第6節　消防団員等公務災害補償制度

　消防職員、消防団員は、国民の生命、身体及び財産を火災を始め、あらゆる災害から保護し、災害を防除し、被害を軽減する任務とするため、自らの生命の危険をも顧みず身を挺して職務遂行に当たらなければならない場合が多い。そのため毎年不幸にしてその職に殉じ、あるいは負傷するものが少なくない。

　令和3年中における公務により死亡した消防職団員（火災等の災害対応時、演習・訓練実施時など、職務遂行中に死亡したもの）は2人、同じく負傷したものは1,460人で、うち消防団員は死亡0人、負傷者284人となっている。

　このようなことから、消防団員等が死亡又は障害を受けた場合、十分に補償され、後顧の憂いなく活動ができるようにするため、公務上の災害に対して、市町村は、条例で定めるところにより、これを補償しなければならないこととされている。

> （非常勤消防団員に対する公務災害補償）
> 消防組織法第24条第1項　消防団員で非常勤のものが公務により死亡し、負傷し、若しくは疾病にかかり、又は公務による負傷若しくは疾病により死亡し、若しくは障害の状態となつた場合においては、市町村は、政令で定める基準に従い条例で定めるところにより、その消防団員又はその者の遺族がこれらの原因によつて受ける損害を補償しなければならない。

1　災害補償の種別

　非常勤消防団員が公務により災害を受けた場合には、他の公務災害補償制度に準じて療養補償、休業補償、傷病補償年金、障害補償、介護補償、遺族補償及び葬祭補償を受けることとされている。

2　補償基礎額

　公務災害補償額については、「消防団員等公務災害補償等責任共済等に関する法律」の定めるところにより、公務災害補償基礎額に規定の倍率を乗じて決定される。なお、消防団員が身体に対し高度

の危険が予測される状況下において消防活動に従事し、そのために公務災害を受けた場合には、特殊公務災害補償として100分の50以内を加算することとされている。

　また、消防法に基づき、消防に協力した一般民間協力者の公務災害補償も、おおむね、非常勤消防団員の補償に準じて行われる（消防団員等公務災害補償等責任共済等に関する法律第 1 条）。

表 1 － 6　公務災害補償の適用関係

種別	対　象　者		補　償　根　拠	補償実施機関
団員	消防団員		消防組織法第24条	市町村等
	水防団員		水防法第 6 条の 2	市町村等又は水害予防組合
民間協力者	消防作業従事者	（消防法第25条第 2 項、第29条第 5 項、第30条の 2 、第36条第 8 項）	消防法第36条の 3	市町村等
	救急業務協力者	（消防法第35条の10）		
	水防従事者	（水防法第24条）	水防法第45条	市町村等又は水害予防組合
	応急措置従事者	（災害対策基本法第65条、原子力災害対策特別措置法第28条）	災害対策基本法第84条	市町村等

表 1 － 7　公務災害補償基礎額改定状況

（各年度中）
（単位：円）

年度	階　　級	勤　務　年　数		
		10年未満	10年以上 20年未満	20年以上
平成16 〜17	団　長、副　団　長 分団長、副分団長 部長、班長、団員	12,470 10,740 9,000	13,340 11,600 9,870	14,200 12,470 10,740
平成18〜 令和元	団　長、副　団　長 分団長、副分団長 部長、班長、団員	12,400 10,600 8,800	13,300 11,500 9,700	14,200 12,400 10,600
令和 2 〜 3	団　長、副　団　長 分団長、副分団長 部長、班長、団員	12,440 10,670 8,900	13,320 11,550 9,790	14,200 12,440 10,670

〔算定根拠〕
　　消防団員・水防団員の補償基礎額は国家公務員の公安職俸給表
（一）の月額を基礎とし、階級勤務年数に応じて定められている。

第 7 節　消防団員等に係る自動車等損害見舞金支給事業

　消防団員等は、通常は他に職を持ち、災害が発生したときに緊急に災害現場等に出動し、消防団等の活動を行っている。したがって、緊急の出動命令を受けた場合、職場又は自宅から緊急に自動車等で出動することが少なくない。また、消防団等においては、諸般の事情により、消防団等の活動に自動車等を直接使用する場合もある。

　このように、消防団等においては、その活動を円滑に遂行するうえで、自動車等の使用に依存する度合いが高いのが実態であることから、消防団員等公務災害補償等責任共済等に関する法律の一部が平成13年 7 月に改正され、次に掲げる場合を見舞金の対象として、平成14年 4 月 1 日から支給されている（消防団員等に係る自動車等損害見舞金の支給に関する規程（以下「基金規程」という。）第 3 条関係）。

1　見舞金の対象となる損害の範囲

(1)　災害が発生したとき又は災害が発生するおそれがあるときに、緊急に自動車等で出動した場合における往復途上又は駐車中に自動車等に生じた損害

(2)　上記(1)以外の場合で、やむを得ず自動車等を消防団等の活動に直接使用し、又は使用させた場合（消防団等の活動場所への単なる移動手段として使用する場合を除く。）において、当該活動中に自動車等に生じた損害

2　見舞金の対象となる自動車等の範囲

見舞金の対象となる自動車等については、消防団員等が所有する自動車又は原動機付自転車のほか、次に掲げるものが対象とされている（消防団員等公務災害補償等責任共済等に関する法律施行規則第3条の2関係）。

(1)　消防団員等と生計を一にする親族（内縁の関係にある者を含む。）の所有する自動車又は原動機付自転車

(2)　消防団員等又は(1)の親族を取締役等とする法人の所有する自動車又は原動機付自転車

(3)　消防団員等、(1)の親族又は(2)の法人が割賦販売等により購入した自動車又は原動機付自転車で、その所有権が売主に留保されているもの

(4)　消防団員等、(1)の親族、(2)の法人が譲渡により担保の目的とした自動車又は原動機付自転車で、その所有権が譲渡担保財産の権利者に移転しているもの

表1－8　見舞金の額（基金規程第5条）

修　理　費	見舞金の額
100,000円以上	100,000円
95,000円以上100,000円未満	95,000円
90,000円以上95,000円未満	90,000円
85,000円以上90,000円未満	85,000円
80,000円以上85,000円未満	80,000円
75,000円以上80,000円未満	75,000円
70,000円以上75,000円未満	70,000円
65,000円以上70,000円未満	65,000円
60,000円以上65,000円未満	60,000円
55,000円以上60,000円未満	55,000円
50,000円以上55,000円未満	50,000円
45,000円以上50,000円未満	45,000円
40,000円以上45,000円未満	40,000円
35,000円以上40,000円未満	35,000円
30,000円以上35,000円未満	30,000円

3　自動車等損害見舞金の対象となる損害の範囲（使用形態）の運用

	「使用し」	「使用させ」
非常時（災害時）	災害時の緊急出動のために、団員がその自家用車を自ら使用した場合	災害時の緊急出動のために、団員がその自家用車を他人に運転させ又は使用させた場合
	【具体例】 1　火災等、災害現場への往復途上の損害 2　火災等、災害現場での活動中の駐車時の損害 3　台風等の警戒のための巡回中の損害	【具体例】 1　団員がその自家用車を団員の家族、他の団員又は他人に運転させて出動する場合の火災等、災害現場への往復途上及び駐車時の損害 2　団員がその自家用車を他の団員に貸して、それを借りた団員が運転して出動する場合の往復途上及び駐車時の損害 3　団員がその自家用車を他の団員に貸して、それを他人が運転して借りた団員が出動する場合の往復途上及び駐車時の損害 4　団員がその自家用車を他の団員に貸して、それを借りた団員が運転して出動した台風等の警戒のための巡回中の損害
平常時	「やむを得ず活動に直接使用し」	「やむを得ず活動に直接使用させ」
	公用車がない等の理由で、やむを得ず団員がその自家用車を消防団活動に使用する場合で、当該活動に直接使用するため拘束している間	公用車がない等の理由で、やむを得ず団員がその自家用車を他の団員に貸して、それを借りた団員が消防団活動に使用する場合で、当該活動に直接使用するため拘束している間
	【該当する場合の具体例】 1　広報・防火診断を行う場合、活動開始時から終了時までの間の損害（待機のための駐車中を含む。） 2　資器材搬送の場合、搬送開始時から終了時までの間の損害（準備、後片づけのための駐車中を含む。） --- 【該当しない場合の具体例】 1　訓練や会議の際の会場への往復途上の損害（会場での駐車中を含む。） 2　広報・防火診断のための活動場所への往復途上の損害	

第2編　消防機械

第1章　概　　論

第1節　総　説

　社会文化の進展に伴い、生活様式はもちろん、建築造作も密度も近代化するにつけ、火災は立体化と複雑化の一途をたどり、消防の一層の多角性と科学化が要求され、消防機械器具の充実と施設の強化拡充が叫ばれてきた。

　すなわち、消防の近代化と科学化が、より完全な消防活動と被害の極限防止の手段となるのである。

1　化学的消防の確立

　火災は、燃焼の三要素に示すとおり、化学的に燃焼し延焼する（第3編第2章第2・3節参照）。消防はこれに対処して、あらゆる消防機械器具を縦横に駆使し、火災を制圧しなければならない。そのためには、消防機械器具の近代化と充実を図り、更に消防隊員がその構造機能に習熟することが肝要であり、また、その完全運用が消防の目指すところでもある。

2　消防施設の四大要素

(1)　優秀な進歩した機械（機械器具の科学化）

(2)　優秀な幹部と消防隊員（人的消防力の高度化）

(3)　合理的に配置された水利施設（水は弾丸）

(4)　早期発見のための施設

　　　完全な消防活動＝理論＋経験＋機械器具

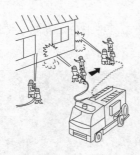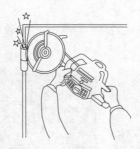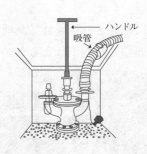

第2節　消防の任務と機関要員

　消防の任務は、消防組織法第1条に、「消防は、その施設及び人員を活用して、国民の生命、身体……とする。」とあるが、消防の機関要員たるものは与えられた機関を完全に運用して、あらゆる消防活動が円滑に実施されるように努め、いやしくも故障や事故等のため、その活動が阻害されることのないようにすることが機関要員に課せられた任務である。

　したがって、機関要員たるものは、その任務を完全に遂行するために、消防団員として消防の全容を知り、更に機関に関する知識と技術を会得した優秀な者でなければならない。

1　優秀な機関要員としての要件

(1)　消防に関する十分な知識を有すること。

　①　消防団員として職責の自覚をすること。

　②　消防技術（消防活動）に関する知識を有すること。

③　関係法規に精通すること。

(2)　消防機械に関する知識と技術を有すること。

①　優秀な運転技術を有すること。

②　エンジンの構造作用に関する知識と技術を有すること。

③　ポンプの構造作用に関する知識と技術を有すること。

④　現場における機械の運用技術（戦術的）に習熟すること。

　最近、ポンプ自動車の電子化など技術の進化に伴って消防機械は飛躍的に整備されてきており、消防業務の遂行に威力を発揮している。進歩した優秀な消防機械が適正に運用されるか否かは、機関要員の技術力にかかっており、消火活動の勝敗に重大な影響を与えるものである。

　したがって、機関要員は必要な機械器具に関する十分な知識、技術を修得するとともに、機械の有効な運用を図るため、消防隊員としての知識をも修得し、完全な機関運用と適切な維持管理に当たらなければならない。

2　消防車両の運転技術

　消防自動車は、緊急自動車として道路交通法第39条で「消防用自動車、救急用自動車その他の政令で定める自動車で、当該緊急用務のため、政令で定めるところにより、運転中のものをいう。」と規定されていて、赤色灯及びサイレンが備えられている。

　災害時に緊急に運転するため、任務に当たる機関要員は緊張状態での運転を余儀なくされるので、次の事項に留意し、運転技術を習得しておく必要がある。

(1)　災害現場周辺では多数の緊急自動車が集結するため、サイレンの吹鳴により周辺音などが聞き取りにくく、自車のエンジン音や他車のサイレン音に気が付かないこともあるので、車両の窓を開口して走行するなど音の確保に努めて、二次災害を防止する。

(2)　普段、乗用車タイプしか運転していない場合、箱型のトラックタイプの消防自動車は視界が異なるほか、積載物等の重量があるので小回りが容易ではないなど、消防自動車の特性を理解し、巻き込み事故等の防止に努める。

　機関要員に指定された場合は、通常とは異なる運転技術が必要なことを十分に認識して、最大限の注意を払って運転しなくてはならない。

※　交差点では、窓を開口して他の車両に指示するなど、二次災害を防止する。

第2章　消防自動車

第1節　消防ポンプ車

　消防自動車には、火災防ぎょ等で中心的に活動する消防ポンプ自動車（以下「ポンプ車」という。）をはじめ、水槽車、救助工作車やはしご車・化学車など特殊な消防車を含めると30種類を超える消防自動車がある。消防団において主に活用されているポンプ車は、より簡便で迅速かつ確実な消火活動を行えるよう自動揚水装置及びチェックモニター装置を搭載しているCD-Ⅰ型が主力となっている。加えて、普通自動車運転免許で運転できるポンプ車は、車両総重量3.5トン未満と道路交通法で定められている。

　ポンプ車には、CD-Ⅰ型・CD-Ⅱ型（キャブオーバー型）並びにBD-Ⅰ型（ボンネット型）と可搬式消防ポンプを積載している車両が主で、5人以上が乗車できるもの（ダブルシート）が活用されている。

写真2-1　CD-Ⅰ型消防ポンプ自動車

写真2-2　CD-Ⅱ型消防ポンプ自動車

写真2-3　BD-Ⅰ型消防ポンプ自動車

写真2-4　可搬消防ポンプ積載車

（略称）C……キャブオーバー型　　　B……ボンネット型　　　D……ダブルシート

表2-1　消防ポンプ自動車の分類

型別	条件	車体の型状	隊員の座席	ホイルベース	ポンプ性能
消防ポンプ自動車	CD-Ⅱ型	キャブオーバー型	ダブルシート	3m以上	A2級以上
	CD-Ⅰ型	キャブオーバー型	ダブルシート	2m以上	B1級以上
	BD-Ⅰ型	ボンネット型	ダブルシート	2m以上	A2級以上

第2節　多機能型消防車

　阪神・淡路大震災において倒壊家屋からの救出が困難であったことから、災害活動に当たった消防団員等からの数々の意見が寄せられ、消火活動以外でも救助活動や応急処置などに対応ができる資機材を搭載した多くの機能を有する「多機能型消防車」が開発された。平成19年度以降、公益財団法人日本消防協会が一般財団法人日本宝くじ協会の協力により各都道府県の消防団に当該車両が交付された。また、国は、平成20年度から全国の消防団に車両及び資機材を無償貸付し、教育訓練のほか災害活動はもとより広報活動にも活用されている。

　これまでの積載車に代わる新しい車両として誕生した「多機能型消防車」は、積載能力を高め救助活動にも威力を発揮する。この多機能型消防車は、従来の積載車よりも車両後部の積載スペースを増やし、なおかつ使いやすさを高めるために、車体艤装部のボディーは軽量で耐蝕・耐熱性に優れたFRPが採用されている。左右扉はガルウィング式、後部扉はシャッター式による全面開口型とし、機能性とともにデザイン性を向上させた車両といえ、その豊富な積載スペースには小型動力ポンプをはじめ多種多様な資機材を積載させることが可能である。

写真2−5　多機能型消防車（可搬消防ポンプ積載車）

写真2−6　多様な機材が容易に取り出せる機能

写真2−7　基本の消火ポンプ機材の積載状況

①ホース　②吸管収納位置　③背負器　④管鎗
⑤二股分岐管　⑥投光器　⑦消火器

※　消火栓スタンド・消火栓カギは吸口近くに取り付けられていることが多い。

写真2−8　多様な機材の積載状況

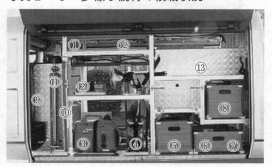

①小型ポンプ付属工具　②燃料缶　③発動発電機
④コードリール　⑤エンジンカッター
⑥ストライカー　⑦手動式油圧カッター
⑧チェーンソー　⑨剣先スコップ
⑩金テコ　⑪三脚　⑫牽引ロープ
⑬収納スペース

第3節 消防ポンプ車の計器類

デジタル化時代において、近年のポンプ車は、揚水時や放水時等においてコンピューター操作で消防活動ができるようになった。液晶モニタの表示と機能によりメニュー選択で各種の真空ポンプの表示や配管部の流水・流量計・反動力計・エンジン回転スロットルレベル等が表示され、エンジン回転用スロットル表示灯なども液晶画面で操作（e-モニタともいう。）ができる。

図2-1

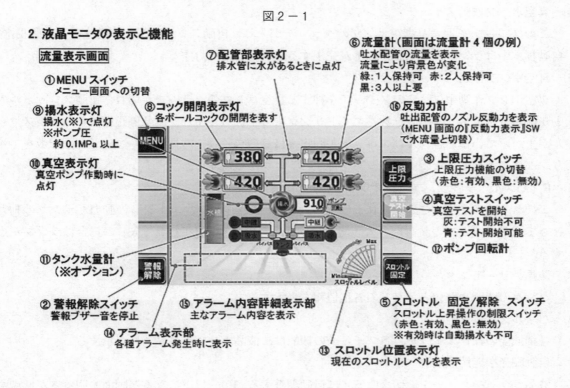

2. 液晶モニタの表示と機能

流量表示画面

①MENUスイッチ
メニュー画面への切替

⑦配管部表示灯
排水管に水があるときに点灯

⑥流量計（画面は流量計4個の例）
吐水配管の流量を表示
流量により背景色が変化
緑：1人保持可　赤：2人保持可
黒：3人以上要

⑨揚水表示灯
揚水（※）で点灯
※ポンプ圧
約0.1MPa以上

⑧コック開閉表示灯
各ボールコックの開閉を表す

⑯反動力計
吐出配管のノズル反動力を表示
（MENU画面の『反動力表示』SW
で水流量と切替）

⑩真空表示灯
真空ポンプ作動時に
点灯

③上限圧力スイッチ
上限圧力機能の切替
（赤色：有効、黒色：無効）

④真空テストスイッチ
真空テストを開始
灰：テスト開始不可
青：テスト開始可能

⑪タンク水量計
（※オプション）

⑫ポンプ回転計

②警報解除スイッチ
警報ブザー音を停止

⑮アラーム内容詳細表示部
主なアラーム内容を表示

⑤スロットル 固定/解除 スイッチ
スロットル上昇操作の制限スイッチ
（赤色：有効、黒色：無効）
※有効時は自動揚水も不可

⑭アラーム表示部
各種アラーム発生時に表示

⑬スロットル位置表示灯
現在のスロットルレベルを表示

1　自動揚水装置

この装置は自動揚水（Auto Priming　略称A.P）装置とチェックモニター装置からなり、揚水準備のチェックをはじめ、エンジンを最適な回転速度に制御、センサーで揚水不可の原因等を感知するなど、ワンタッチ操作で揚水の自動化を実現している。

写真2-9

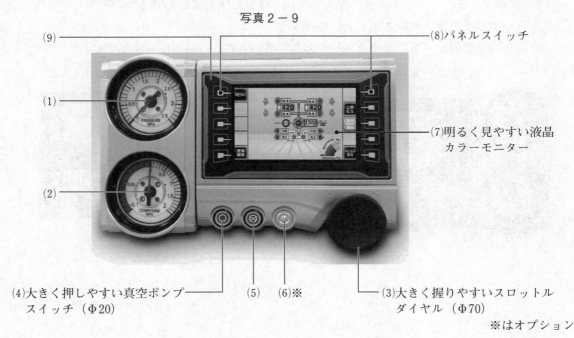

(9)

(8)パネルスイッチ

(1)

(7)明るく見やすい液晶
カラーモニター

(2)

(4)大きく押しやすい真空ポンプ
スイッチ（Φ20）

(5)

(6)※

(3)大きく握りやすいスロットル
ダイヤル（Φ70）

※はオプション

(1)　圧力計

　　吐水パイプ内の圧力を表示する。

(2)　連成計

　　吸水パイプの真空度と圧力を表示する。

(3)　スロットルダイヤル

　　エンジン回転数を調節するダイヤル。

(4)　真空ポンプ作動スイッチ／ランプ

　　このスイッチを押すと真空ポンプのクラッチが入り、自動スロットルが作動する（自動揚水）。自動揚水中はランプが点滅し、揚水が完了するとランプは点灯する。

(5)　真空ポンプ停止スイッチ／ランプ

　　真空ポンプ作動中に、このスイッチを押すと真空ポンプのクラッチが切れ、自動スロットルの作動が解除されてエンジン回転数をアイドリングまで下げる。また、緊急停止機能として、スロットルが上がっているとき、及びスロットル固定中にこのスイッチを押すと、エンジン回転数をアイドリングまで下げる。なお、スイッチを押すとランプが点灯する。

(6)　P.T.Oスイッチ／ランプ（※オプション）

　　このスイッチを押すごとに、P.T.O（パワー・テイク・オフ、エンジンの動力をポンプの動力源として取り出すための装置）の入／切を行うことができる。P.T.Oが「入」の場合はランプが点灯する。

(7)　液晶カラーモニター

　　コックの開閉や警報表示などの各種情報を表示する。

(8)　パネルスイッチ

　　各種機能の操作スイッチ。各スイッチの機能は、液晶カラーモニターに表示する。

(9)　自動調光機能用照度計

　　液晶カラーモニターを適切な明るさに自動調整する。10lux以下になると画面の明るさが低減する。

2　自動調圧装置

　　吸水条件・吐水条件等の変化にかかわらず、水ポンプの圧力を一定に保つ機能がある。

(1)　スロットルダイヤルによる設定

①　安全機能付きポンプ操作盤により、揚水操作を行う。

②　揚水完了後、スロットルダイヤルを操作し任意の圧力に合わせる。

③　「自動調圧設定／解除スイッチ」を押す。

④　「自動調圧設定／解除スイッチ」が赤色で表示され、自動調圧を開始する。

図2-2　　　　　　　　　　　　　　　　図2-3

(2)　ワンタッチによる設定（自動調圧設定ウィンドウによる設定）

①　安全機能付きポンプ操作盤により、揚水操作を行う。

②　揚水完了後、右側パネルスイッチの「⚙」を押して、自動調圧設定ウィンドウを表示させる。

③　自動調圧ウィンドウ「▲」、「▼」を押して圧力を選択する。

設定圧力は0.4、0.5、0.6、0.7、0.8、0.9、1.0MPaから選択する。

④　「自動調圧」スイッチを押すと、「自動調圧」の表示灯が点灯し、選択したポンプ圧力で自動調圧が開始する。

図2－4

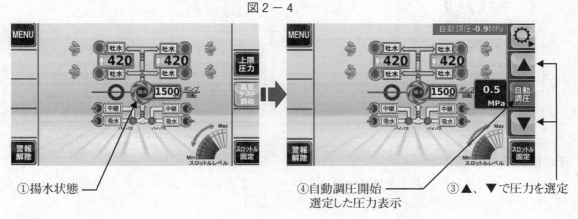

①揚水状態　　　　　　　　　　④自動調圧開始　　　　③▲、▼で圧力を選定
　　　　　　　　　　　　　　　　選定した圧力表示

3　流量計

　配管内部の羽根車式流量計で水量を測定し、その流量を液晶カラーモニターに表示する。また、積算機能表示も装備しており、ワンタッチ操作で放水中の「流量」と放水の「総流量」を切り替え、表示することも可能である。流量表示は流量に応じて表示色が変化し、一目で安全・危険を察知することができる。

①　流量表示

図2－5

② 流量と表示色

液晶モニターから現在の流量を表示色の変化で知ることができる。

流量計は、 0 ～2400L/minの範囲で表示する。

表 2 － 2

流量計表示	表示色	流量範囲 L/min	説　明
400L/min	緑	0 ～450	筒先を 1 人持ちで放水を行うことができる流量範囲であることを示している。
500L/min	赤	451～600	筒先を 2 人持ちで放水を行うことができる流量範囲であることを示している。
800L/min	黒	601～2400	流量が大きく、筒先を 2 人持ちでも放水を行うことができない流量範囲であることを示している。

4　その他機能（流量積算計）

左右吐水配管の流量を合計して液晶カラーモニターに表示するので、合計 4 本の吐出配管の流量を積算することができる。

図 2 － 6

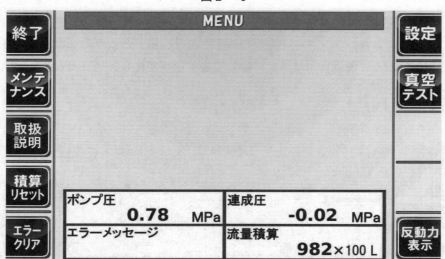

第 4 節　消防用エンジンの構造

1　消防用エンジンの特性

消防用エンジンは、普通一般のトラック用又は乗用車用のエンジンを使用されるが、緊急要務に服するため、次のような特性がある。

(1) 消防用エンジンの緊急性

消防用エンジンは ① 何時でも　② すぐエンジンがかかり　③ 調子が良い。 ものでなければならない。

(2) 過酷運転

① 迅速出動（潤滑不良）　② 高速回転（過々重－停止運転）

③ この状態で長時間運転（老朽磨耗）

このように一般自動車より以上の性能と耐久力とを要求されるので、この条件を満たすため動力消防ポンプの技術上の規格を定める省令（昭和61年自治省令第24号）で、厳密な性能試験と特殊整備の

具備を求め、特に消防用エンジンとして一般自動車エンジンと区別している。

2　消防用エンジンの種類

(1)　動力別……ガソリンエンジンとディーゼルエンジン

特に大型消防自動車の出現で、ディーゼルエンジンがかなり普及している。

(2)　行　程……四行程エンジンと二行程エンジン

特に、小型ポンプには二行程エンジンが多く使われている。

第5節　消防用エンジンの特殊装置

消防用エンジンは、前節のとおり、災害現場においては車両停止の状態で、長時間高速回転するため、運転中各種の障害が発生しやすい。したがってこれらを防止するため各種の特殊装置を設けている。

1　補助冷却装置

消防ポンプ自動車などは、停止した状態でポンプを高速で連続運転するためエンジン冷却水やポンプ駆動装置（ポンプミッション）の潤滑油温度が上昇し、エンジンやポンプミッションが過熱することがある。そのため、消防ポンプの水の一部をエンジン冷却水を冷却するためのサブラジエーターやポンプミッション冷却装置に送り過熱を防止している。

一般に消防ポンプからこれらの冷却装置への配管は二系統設けられており、一系統ずつ使用することにより、ストレーナー等の目づまりで冷却水の流れが中断しないようにしている。

なお、オートマチックトランスミッションを採用している消防ポンプ自動車は、ポンプミッション冷却装置がないものがある。

図2−7　補助冷却装置系統図

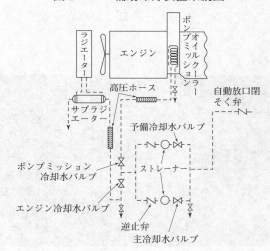

写真2−10

ポンプP.T.O

2　冷却水還流装置

従来の消防車に取り付けられているエンジン冷却用サブラジエーターは、冷却水が車外に放出されるため、消火活動中や訓練中の消防車周辺が水浸しとなり、寒冷地などでは消火活動後の道路などの凍結原因となった。

そこで、これまで放出していた冷却水を吸水配管に戻し、消火活動に有効活用する「冷却水還流装置（エコサークル）」が開発された。これは、水を極力無駄にしないため、水源の脆弱な地域では限られた水を消火活動に利用できるメリットがある。

写真2−11

エコサークル

3　オイルパンヒーター

　消防用自動車は、緊急時に暖気運転なしに発進しなければならない。そのため、寒冷地用の消防用自動車には、エンジンの潤滑油を電気ヒーターにより常に暖めておくオイルパンヒーターを設け、エンジンの保護と始動性の向上を図っている。

写真2−12

オイルパンヒーターコンセント　　　　　　　　　　サブラジエーター

4　エンジン回転制御装置（エンジン・ガバナー）

　ガバナーは、エンジンに対する負荷の変動に対してエンジンの回転数を自動的に調整するために用いられる。機能的には、エンジンの最高回転数を超えないための高速制御と、円滑なアイドリング回転を保持するための低速制御だけを行うマキシマム・ミニマムスピード・ガバナーと、使用回転全域にわたって負荷の変動に対して同一回転数を保持するように働くオール・スピード・ガバナーがあるが、近年の消防用自動車では、オール・スピード・ガバナーが多く使用されている。

　また、構造的には、メカニカル・ガバナーとニューマナッタ・ガバナー及びこの両者を複合したガバナーがある。

写真2−13

キャブ内P.T.Oスイッチ　　　　　　　　キャブ内P.T.Oスイッチ（緊急用）

第3章　消防ポンプ

　消防用に使用するポンプは、江戸時代の龍吐水に始まり、1875年（明治8年）にフランス製の腕用ポンプが輸入され、その後昭和初期まで消防ポンプの主力をなしていた。

　1884年（明治17年）馬匹牽引蒸気ポンプ、さらに1911年（明治44年）ポンプ自動車が輸入され、人力から動力へ大きく転換しはじめ、ポンプの形態も原動機の発達とともにピストンポンプからロータリーポンプ、さらにうず巻ポンプ（タービン）へと移行し、今日に至っている。

第1節　ポンプの定義

　ポンプとは、原動機の回転運動等の機械的エネルギーを受けて、取り扱う液体に圧力のエネルギーを与え、液体を吸い上げ、押し出す機械である。

　消防用のポンプとしては、ポンプ駆動用の内燃機関等から構成される「動力消防ポンプ」、ポンプが自動車の車台に固定された「消防ポンプ自動車」、ポンプが車両を使用しないで人力により搬送され又は人力により牽引される車両若しくは自動車の車台に取り外しができるように取り付けられて搬送される「可搬消防ポンプ」がある。

第2節　ポンプの分類

　一般に使用されているポンプの種類は数多く、その用途により区分されるが、消防用に使用されるポンプはおおむね、次のとおりである。

1　ロータリーポンプ

　ロータリーポンプは、回転子が歯車の型をしているので、別名ギヤーポンプともいわれている。

　このポンプは、胴壁に内接する回転体が吸水側からギヤーとギヤーの間げきに空気を抱き込んで排出口側に排出し、ポンプ内が真空になるにつれて水が胴内に入り、以後はこの水を放水口へ送り出して放水するものである。

　このポンプは、車両用エンジンの動力で運用され、かつ、運動部分が等速回転するので振幅、吐出量の変動が少なく、高圧が得られる。

　このポンプは、直接的には消防用としてあまり使用されていないが、真空ポンプや化学車の泡混合装置、また油圧ポンプ等に広く使われている。

(1)　特殊装置

　　①　「安全弁」　　②　「側路弁」

図2－8　ロータリーポンプ回転子の形状

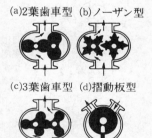

(a)2葉歯車型　(b)ノーザン型

(c)3葉歯車型　(d)摺動板型

図2－9　消防車用ロータリーポンプの構造

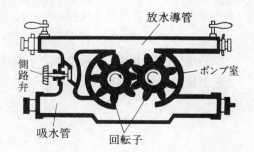

2　うず巻ポンプ

　うず巻ポンプは一般に遠心ポンプともいわれるものであるが、その原理は、遠心力を利用している。例えば、雨の日にかさをさしているとき、雨だれは下に落ちるが、図2－10のように雨がさを回転させると雨だれは矢印の方向に飛ばされる。これはかさの回転により雨だれに遠心力が与えられ、さらにかさ骨によってかさの円周に対する切線方向の回転力が与えられるためで、雨だれは遠心力で矢印

の方向へ飛ぶのである。

図2-10　うず巻ポンプの構造

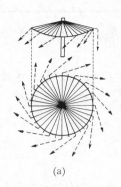

(a)

タービンポンプ
(ディフューザーポンプ)

(b)

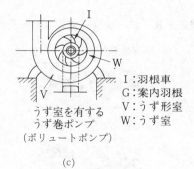

うず室を有する
うず巻ポンプ
(ボリュートポンプ)

(c)

I：羽根車
G：案内羽根
V：うず形室
W：うず室

写真2-14　うず巻ポンプの外観

写真2-15　うず巻ポンプの内部

　ポンプは、湾曲した多数の羽根をはった羽根車（インペラー）を回転させて、ポンプ室内で水に高速の回転運動を行わせ、それによって起こる遠心力を利用して水を外部へ送り出すものである。この水がポンプ室内で流れる状態が一般にうず巻状であるためうず巻ポンプといわれる。

　また、うず室がちょうど水力タービンの逆の型となっているので通称タービンポンプといっている。

　消防用に使用するこの種のポンプの案内羽根の有無により、タービンポンプとボリュートポンプの2種が使用されている。

図 2−11　消防用ポンプの構成

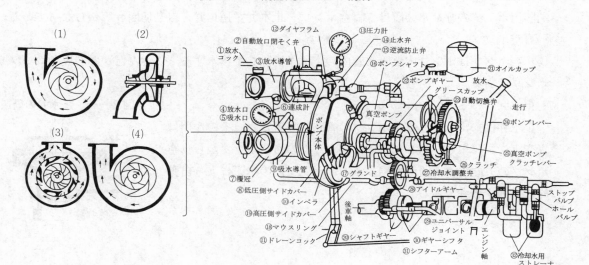

(1)　うず巻ポンプの使用上の主な特徴

①　形体がコンパクトで、運用中振動が少ない。

②　揚水が泥砂を混入した水でもポンプ自体に支障とならない。

③　比較的均一な流れで、放水することができる。

④　原動機の運転中、放水路を閉じても支障がない。

⑤　ポンプは高速回転に耐えるので、電動機や内燃機関のような高速回転する動力機関に直結して運転するのに都合がよい。

　うず巻ポンプの特殊装置は、図 2−11のとおり。

(2)　自動放口閉そく弁

　放口側に設けられた一種の逆流防止弁である。真空時に、自動的に放口側を閉止し、放口側からポンプへの空気の侵入を防ぎ、ポンプ内に揚水されると水圧で自動的に弁を押し上げて開き、送水路が開放される。

図 2−12　自動放口閉そく弁

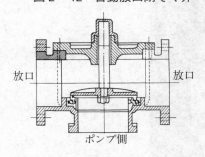

図 2−13　真空ポンプ（偏心翼型ロータリー式）

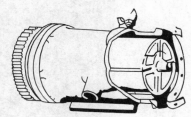

①　自動放口閉そく弁の効果

ア　放口を開いたままでも真空で、揚水し、ポンプ運転が可能である。

イ　ポンプ内に残水があっても、そのまま運転して真空作成できる。

図 2−14

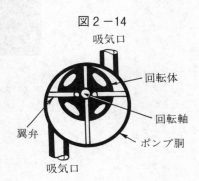

(3)　呼び水装置

　うず巻ポンプは、運転を開始するときポンプ内に水が満たされていないと揚水を行うことができ

ないため、まずポンプ内部へ水を呼び込む装置が必要で、この装置を「呼び水装置」という。

消防用ポンプの呼び水装置は、真空ポンプ・止水弁・逆止弁・自動切断弁等からなっている。

① 真空ポンプ

真空ポンプはポンプ内と吸水管内の空気を排除して揚水する。ほとんどが偏心翼型ロータリーポンプである。

② 止水弁

止水弁は、ポンプと真空ポンプの管路に設置され、その作用は真空ポンプにより、ポンプ本体に揚水したのち、ポンプから真空ポンプの方向に水が流れないように、ポンプ内の水圧により自動的に作動する弁である。

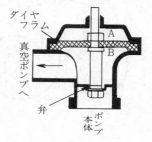
図2-15　止水弁の構造

③ 逆止弁

逆止弁は、止水弁と真空ポンプの間に設けられ、管路中の空気の流動を一方向にのみ許すもので、ポンプ圧力が下がって止水弁内に働く水圧がなくなると、止水弁が開くため真空ポンプからポンプ本体内部へ空気が逆流して落水するのを防ぐ働きをする。

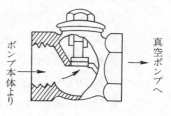
図2-16　逆止弁の構造

第3節　ポンプユニット

近年製造されている消防ポンプのほとんどがユニット式で組み込まれており、ポンプ自動車の積載部からその全容を見ることができない。製造工程の段階で見ると以下の写真のようにポンプが組み立てられている。

1　水ポンプ

写真2-16

A-2級ポンプ　　　ピストン型真空ポンプ

吐水口

給水口

真空ポンプ伝動装置（カバー内）

2　ポンプユニット（配管付）架装状態

写真2−17

前方から見たところ

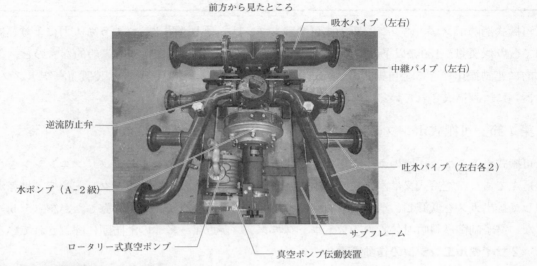

吸水パイプ（左右）

中継パイプ（左右）

逆流防止弁

吐水パイプ（左右各2）

水ポンプ（A−2級）

サブフレーム

ロータリー式真空ポンプ

真空ポンプ伝動装置

3　ポンプ車への積載状態（完成状態）

写真2−18

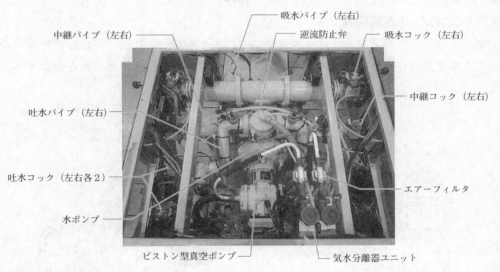

中継パイプ（左右）

吸水パイプ（左右）

逆流防止弁

吸水コック（左右）

吐水パイプ（左右）

中継コック（左右）

吐水コック（左右各2）

エアーフィルタ

水ポンプ

ピストン型真空ポンプ

気水分離器ユニット

4　ポンプ車両天井部点検口からの状態

写真2−19

車両天井の点検口から見たところ

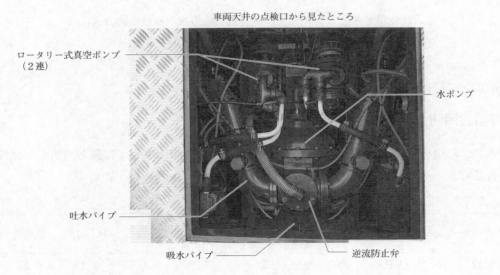

ロータリー式真空ポンプ
（2連）

水ポンプ

吐水パイプ

吸水パイプ

逆流防止弁

第4章　可搬式消防ポンプ

　可搬式消防ポンプ（エンジン駆動式可搬ポンプ）は、動力消防ポンプのうち人力により運搬できるもので、乾燥質量が150kg以下のものをいい、始動と揚水を個々に操作する一般的なものと、これらを自動的に連動操作できる全自動式のものがあり、エンジン主ポンプ、呼び水装置（真空ポンプ）、放水部、計器類により構成されている。

第1節　可搬式ポンプの構造

　可搬式ポンプは、一段のうず巻ポンプと2サイクル及び4サイクルのガソリンエンジンとを一体に組み込んであり、空冷式又は水冷式が使用されている。超低騒音・低燃費・クリーンで、地球温暖化を配慮して排出ガスを低減し、消防活動や訓練時などにおける騒音防止等を考慮した、バッテリーを必要としない電子制御燃料噴射装置の4ストロークエンジンが近年、多くの消防団に配置されている。

1　2サイクルエンジンの作動原理

　2サイクルエンジンの行程は、ピストン運動の上下一行程で終了し、クランク軸が1回転の間に吸気、圧縮、膨張、排気を行う。

2　2サイクルエンジンの潤滑装置

　2サイクルエンジンの潤滑方式には、ガソリン中にオイルを一定比率で混合して使用する混合潤滑方式と、オイルタンクを別に設けてオイルポンプによりエンジン内部にオイルを供給する分離供給方式がある。

図2-17　2サイクルエンジンの潤滑方式

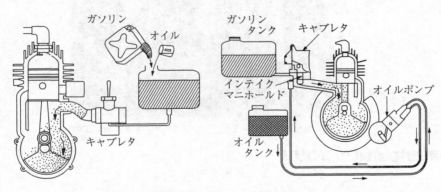

混合潤滑方式　　　　　　分離供給方式（直接給油方式）

3　主ポンプ

　可搬式消防ポンプには、一段タービンが使用されている。

第2節　可搬式消防ポンプの規格

　可搬式消防ポンプの規格は、「動力消防ポンプの技術上の規格を定める省令」に動力消防ポンプの一部として定められており、その抜すいは表2-3のとおりである。

表2-3　可搬消防ポンプの規格（抜すい）

項　目	級　別	B-2	B-3	C-1	C-2	D-1	D-2
放水	規格放水圧力〔MPa〕	0.7	0.55	0.5	0.4	0.3	0.25
	規格放水量〔m³/min〕	1.0以上	0.5以上	0.35以上	0.2以上	0.13以上	0.05以上

性能	高 圧 放 水 圧 力 〔MPa〕	1.0	0.8	0.7	0.55	―	―
	高 圧 放 水 量 〔m³/min〕	0.6以上	0.25以上	0.18以上	0.1以上	―	―
ポ ン プ の 効 率 〔%〕		55以上				25以上	
乾 燥 質 量 〔kg〕		150以下	100以下			25以下	15以下
吸 水 口 内 径 〔mm〕		90以下	75以下	65以下		40以下	
放 水 口 内 径 〔mm〕		65以下				40以下	
ポンプの耐圧力（条件）右欄の数値〔MPa〕の水圧を3分間加える	放水側	最高圧力の1.5倍					
	吸水側	1.0				0.5	

備考

1　放水圧力とは、ポンプの放水口に整流筒、管そう及びノズルを取付けて測定した放水静圧力をいう。

2　規格放水圧力及び高圧放水圧力とは、吸管の長さ5m及び吸水高さ3mの状態において測定された定格回転速度における最高放水圧力で、ノズルの口径を調整することにより得られた放水圧力をいう。

3　規格放水量及び高圧放水量とは、それぞれ規格放水圧力及び高圧放水圧力に対応した放水量をいう。

4　ポンプの効率とは、次式により求められた値をいう。

$$\eta = \frac{WPS}{BPS} \times 100$$

η：ポンプ効率〔%〕
WPS：規格放水性能に係る水　動　力〔kW〕
BPS：　　〃　　　ポンプの軸動力〔kW〕

5　乾燥質量とは、燃料、潤滑油、冷却水その他の液体をすべて取り除いた場合の総質量をいう。

第3節　可搬消防ポンプの諸元・性能

現在市販されている標準的可搬消防ポンプの諸元・性能は、表2-4のとおりである。

表2-4　可搬消防ポンプの諸元・性能

項目 ＼ 級別		B-2	B-3	C-1	D-1	D-2
エンジン関係	形　　式	2サイクル2気筒	2サイクル2気筒	2サイクル単気筒	2サイクル単気筒	2サイクル単気筒
	出力〔PS〕	43	34	13	4	2.2
	始 動 方 式	セルモータ式リコイル式ロープ式	セルモータ式リコイル式ロープ式	セルモータ式リコイル式ロープ式	リコイル式	リコイル式
	燃　　料	ガソリン	ガソリン	ガソリン	ガソリン	ガソリン
ポンプ性能	標　　準	0.69MPa 1.213m³/min	0.54MPa 1.0m³/min	0.49MPa 0.5m³/min	0.29MPa 0.191m³/min	0.25MPa 0.07m³/min
	高　　圧	0.98MPa 0.745m³/min	0.78MPa 0.74m³/min	0.69MPa 0.25m³/min	―	―
寸法	全　長〔mm〕	655	735	709	447	362
	全　幅〔mm〕	600	520	397	390	273
	全　高〔mm〕	714	656	495	441	358
質　　量〔N〕		735	745	294	186	83.3

写真2−20　B−2級可搬消防ポンプ（4スト
ロークエンジン）

写真2−21　B−3級可搬消防ポンプ（2スト
ロークエンジン）

写真2−22　C−1級可搬消防ポンプ（4スト
ロークエンジン）

写真2−23　D−1級可搬消防ポンプ

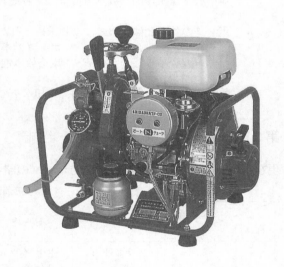

写真2−24　可搬消防ポンプ積載車

写真2−25　D級ポンプ積載台車（女性消防隊用）

第5章　火災現場における機関運用

第1節　消防戦術上の機関運用

1　消防戦闘と消防戦術

(1)　消防戦闘には勝敗がある。近代的な消防機械や装備の扱いと出動から部隊配置までの消防活動は、隊員の資質により大きな差が生じ、活動の成否につながる。

(2)　消防戦術にも勝敗がある。消防活動において知識・技術・経験等に基づいた一定の戦略や戦術を有効に活用し、最善の運用ができるかによって大きく影響する。

2　機関運用

(1)　完全なる機械力と隊員を現場へ安全に到着させる。

　①　優秀な運転技術をもち沈着であること。

　②　管内の地理、水利に精通すること。

　③　機械、器具等の事前準備を励行すること。

(2)　水利部署の選定（戦術的ルール）

　①　注水防ぎょの必要性を判断すること（無用の放水は百害）。

　②　直近水利で現場を包囲的に行うこと。

　③　先着隊か、後着隊かを考慮すること。

　④　遠距離は中継送水と考えて部署すること。

　⑤　水利統制に従って部署すること（先着隊は消火栓、後着隊は自然水利）。

　⑥　水量の豊富な水利を選定すること。

　⑦　吸水落差に注意すること。

(3)　吸水上の注意

　①　後着隊の進入を考慮して部署すること（火の手を見越して）。

　②　ポンプは水平に停止して運転すること（潤滑油に影響）。

　③　落差、水深、流速及び水中の状態を確かめて吸水の障害物を除去すること。

　④　急流、高波、水中にメタンガス等が発生する場合の空気、ガスの進入に注意すること。

　⑤　消火栓の場合は給水能力に注意すること。

　⑥　真空ポンプの給油を忘れぬようにすること。

　⑦　真空ポンプの回転は、エンジン回転800〜1,200回／分程度で行うこと。

　⑧　真空計に注意すること。

　⑨　揚水と同時に真空ポンプは停止すること。

第2節　吸水の原理

　水の中にゴム管の一端を入れ、他端を口で吸うと水はゴム管の中を昇ってくる。これは、ゴム管の中の空気が口で吸い出されて管の中が真空になり、ゴム管内の真空と大気の圧力の差により、水がゴム管の中に押し上げられるためである。この関係は、イタリアの数学・物理学者エヴァンジェリスタ・トリチェリが1643年に水銀柱を使った実験を行い、真空になることを発見した。

1　トリチェリの原理

　一端を閉じた長さ約100cmのガラス管に水銀を満たし、開いた一端を水銀の容器に倒立させると、管内の水銀は約76cmの高さまで下降して止まる。これは、大気圧がこの高さの水銀柱の圧力と釣り合うためで、水銀柱が下降した空間をトリチェリの真空という。したがって、管中に押し上げる大気

の圧力は液体が押されるもので、水銀柱の重さを1気圧＝760mmと
された。

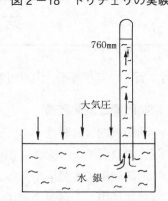

図2－18　トリチェリの実験

760mm

大気圧

水　銀

　ゆえに、大気圧により水銀は760mmまで上昇するが、水は水銀の
約13.6分の1の軽さなので、760mm×13.6＝約10.33mとなる。すな
わち、1気圧で、ポンプ吸水管の中を真空にすれば、水は理論上
10.33mまで吸水できる。これが、吸水の原理である（ただし、垂直
落差）。

　しかしながら、消防ポンプの吸水落差は、水の比重、水温、気圧、
吸水管路内の、流水摩擦損失及びポンプ車の真空度等のため、実際
には7～8m程度までしか吸水できない。

第3節　送水上の諸計算

1　圧力

　図2－19のように、容器に入れられた流体は、容器の壁面や底面を押し、また流体の内部では任意
の面をはさんで両側から互いに力を及ぼしあう。

　ここで、単位面積当たりに働く力を圧力といい、単位は（Pa）で、記号はPで表される。

　静止している液体の液面から液中に深さh（m）、底面積A（m²）の液柱を考えた場合（ここでは、簡
単にするため大気圧は無視する。）、その底面には液柱により鉛直方向の下向きに重力$F＝\rho ghA$（N）
が働き、上向きには、深さh（m）における圧力P（Pa）と、底面積A（m²）の積であるPA（N）の力が働
く。ただし、gは重力加速度。これらの力は、向きが逆で大きさが等しいから、次の式が成り立つ。

$$F＝\rho ghA＝PA \text{（N）}$$

よって、深さh（m）における圧力P（Pa）は、次の式で表される。

$$P＝\frac{F}{A}＝\frac{\rho ghA}{A}＝\rho gh \text{（Pa）}$$

この式からわかるように、液面からの深さを測定することにより、その深さh（m）における圧力P
（Pa）を求めることができる。

　流体が水の場合、水の密度＝1,000（kg/m³）、重力の加速度$g＝9.8$（m/s²）であることから上式は
次のようになる。

$$P＝\rho gh＝1,000×9.8h＝9,800h \text{（Pa）}$$
$$≒0.01h \text{（MPa）}$$

つまり、水柱の高さ1（m）につき水柱底部には、0.01（MPa）の水圧が加わることがわかる。

図2－19　圧力

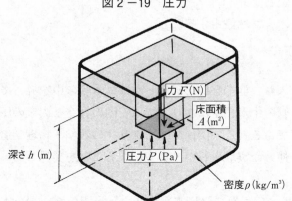

力F（N）

床面積A（m²）

深さh（m）

圧力P（Pa）

密度ρ（kg/m³）

2　吸・放・送水に係る諸計算公式

(1)　静止する水の圧力

水柱の高さ（深さ）が分かって、底面の圧力（P）を求めるとき

$$P\,(\text{MPa}) = \frac{1}{100}H \quad H = 水柱\,(\text{m}) \cdots\cdots 1式$$

圧力MPaが分かって、水柱（m）を求めるとき

1式の逆算で　$H\,(\text{m}) = 100P\,(\text{MPa}) \cdots\cdots 2式$

(2)　放水量計算

$$Qm = 0.2085dc^2\sqrt{Pn} \cdots\cdots 3式$$

$Qm = 1$分間の放水量（m³/min）

$dc =$ ノズルの口径（cm）

$Pn =$ ノズルの圧力（MPa）

(3)　反動力計算

筒先を持って放水しているとき、後方、すなわち水の流れと反対の方向に引っ張られるような力が作用する。この力を反動力という。

$$Fm = 150dc^2\ Pn\,(\text{N}) \cdots\cdots 4式$$

$Fm =$ 放水反動力（N）

$dc =$ ノズルの口径（cm）

$Pn =$ ノズルの圧力（MPa）

(4)　摩擦損失計算

ホースの中を水が流れる際に、ホース内面の粗滑と水の粘性とにより、損失を生じ、送水圧力が低下する。これを摩擦損失という。

摩擦損失の定理

①　摩擦損失は、ホース内面の粗滑により異なる。

②　摩擦損失は、流量の二乗に比例する。

③　摩擦損失は、内径の五乗に逆比例する。

④　摩擦損失は、ホースの長さに比例する。

⑤　摩擦損失は、流水の圧力に無関係である。

ア　内径63.5mm、長さ20mのゴム内張ホースの摩擦損失

$$FL = 0.0713nQ^2 \cdots\cdots 5式$$

$FL =$ 摩擦損失（MPa）

$n =$ ホースの本数

$Q =$ 放水量（m³/min）

イ　内径50.8mm、長さ20mのゴム内張ホースの摩擦損失

$$FL = 0.207nQ^2 \cdots\cdots 6式$$

(5)　ポンプ圧力の計算

図2－20　圧力勾配線

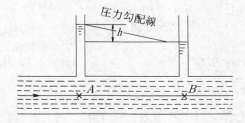

図2－21　送水基準板

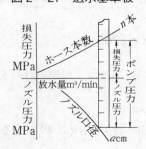

①　ポンプ圧力＝筒先圧力＋摩擦損失

②　筒先圧力＝ポンプ圧力－摩擦損失

図２−22　背圧損失の場合の例

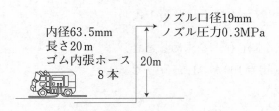

③　摩擦損失＝ポンプ圧力－筒先圧力

　　背圧損失がある場合

④　ポンプ圧力＝筒先圧力＋摩擦損失±背圧損失

(6)　中継送水

　　水利と火点の距離が長い場合、山林火災等で背圧損失が大きい場合あるいは火点近くのタンク車に給水する場合等で、単車送水が困難なときは、２台あるいは数台のポンプ自動車を連結して、次々と加圧して火点に送水する。この隊形を中継送水という。

　　この送水方法は、火点側のポンプは、送水された水を加圧し、筒先圧力と自己の延長したホースの摩擦損失との合計圧力をポンプ圧力とする。ただし、背圧損失がある場合は、これを加える。

　　元ポンプは、必要な水を送り、ポンプ圧力は自己の延長したホースの摩擦損失に打ち勝つ圧力をポンプ圧力として送水すればよい。

　　ただし、若干の漏水その他の損失を考慮して、元ポンプ及び中ポンプは、摩擦損失に約0.05〜0.10MPa程度加圧することが望ましい。この加圧された圧力は、そのまま先ポンプの連成計に残される。

図２−23　動水勾配線

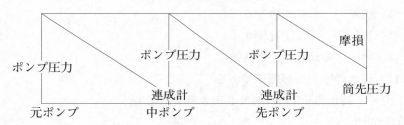

①　先ポンプ圧力＝筒先圧力＋摩擦損失±背圧損失

②　元（中）ポンプ圧力＝自己の摩擦損失＋連成計圧力（先ポンプ）

　　※　中継ポンプ車は、台数が多くても考え方は同じである。

図２−24　３台中継送水隊形の例

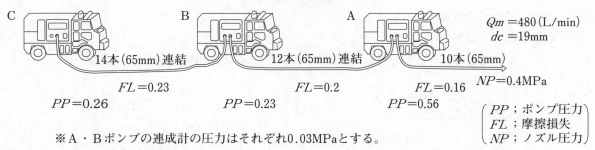

　　　　※Ａ・Ｂポンプの連成計の圧力はそれぞれ0.03MPaとする。

(7)　消火栓吸水

　　水利を消火栓に求めて吸水する場合は、前記中継送水の先ポンプのときと同様に考えればよい。

すなわち、水道消火栓から流れてくる水量を限界とするので、消防ポンプが 1 口0.5〜0.6m³/min必要とする場合に、消火栓水量が、 1 分間に1.5m³とすれば、 3 口放水可能となり、その際の吸口側連成計はゼロとなる。

① 消火栓吸水上の留意事項

ア　消火栓流水以上の吸水はできない。

ただし、地下式消火栓の場合で水量が不足するときは、消火栓箱内に満水して、消火栓と吸水管との結合部から空気が侵入しないようにして吸水すると、連成計の真空指度で、小口径水道管では12.7 〜25.4 cm、大口径水道管の場合は25.4 〜38.0 cmまでの吸水は可能である。

イ　水利統制に留意する。

水道消火栓は、川の流れと同じく、水源から順次送水されてくるので、流量に限度がある。したがって、 1 台しか使えない消火栓は 1 台しか使えない。ゆえに先着隊が使用している水道管系の上流で、後着隊が吸水すると、防ぎょ活動している先着隊の行動を阻害するので十分留意する。

ウ　消火栓が高圧力の場合は、吸水管の破裂に注意する。

放水口を閉じたまま、高圧力の消火栓を開弁すると吸水管が破裂することがある（吸水管は吸圧には強いが、内圧には弱い。）ので、このような場合は、徐々に開弁するとともに放水口を開弁して置く。

第6章　消防車両と道路交通法

　消防用自動車、救急自動車など目的地にできるだけ早く安全に到着させる社会的必要性の高いものについて、一般の自動車と同様な通行方法では、その使命を達成することは困難であるため、道路交通法では緊急自動車（道路交通法施行令第13条）の制度を設け、一般の自動車とは区別して、最高速度、通行方法などで特別扱いをして、一刻でも早く目的地の活動ができるようにしている。

第1節　緊急自動車の特殊規制

1　安全運転管理の強化を図るための規制

　自動車が社会のあらゆる事業に重要な役割を果していることは多言を要しないところであり、事業活動に伴って使用される自動車の安全な運転の管理の体制を図るため、特定の事業所に安全運転管理者制度を定めて安全管理の施策を推進されていたが、昭和53年に道路交通法並びに同法施行令及び施行規則を一部改正して、現代の交通事情下における管理体制を強化し、交通事故の防止を図っている。

(1)　車両等の使用者に関する規制

(2)　副安全運転管理者の選任に関する規制

(3)　自動車の使用者等の義務に関する規制

(4)　自動車の使用制限に関する規制

　自動車の使用者等が、酒酔い運転、麻薬等運転、無免許運転、無資格運転、酒気帯び運転、最高速度違反、積載制限違反の違反行為を下命したり、又は容認したりして、それによって運転者がその違反行為をした場合、公安委員会は、一定の基準に従って、6月を超えない範囲内の期間を定めて、その違反した自動車の使用を制限することができることとされている。

2　緊急自動車の運転者の資格に関する制限

(1)　緊急自動車の運転者は、その自動車の種類に応じ、免許を受けていた期間が一定の年数に達していなければ、その緊急自動車を運転することができない（道路交通法第85条第5項〜第10項、道路交通法施行令第32条の2〜第32条の5）。

　①　大型緊急自動車

　　　大型免許を受けた者で、21歳に満たない者又は大型免許（含特殊）、中型免許、準中型免許、普通免許を受けていた期間が通算して3年に達しない者は運転できない。

　②　中型緊急自動車

　　　中型免許を受けた者で、21歳に満たない者又は大型免許（含特殊）、中型免許、準中型免許、普通免許を受けていた期間が通算して3年に達しない者は、運転できない。

　③　準中型免許を受けた者で、次の各号に掲げるものは運転できない。

　　ア　21歳に満たない者又は大型免許（含特殊）、中型免許、準中型免許、普通免許を受けていた期間が通算して3年に達しない者

　　イ　大型免許（含特殊）、中型免許、準中型免許、普通免許を受けていた期間が通算して2年に達しない者

　④　普通緊急自動車

　　　普通免許を受けた者で、大型免許（含特殊）、中型免許、準中型免許、普通免許のいずれかの免許経歴が通算して2年に達しない者は運転できない。

　⑤　自動二輪緊急自動車

　　　二輪免許を受けたもので、二輪免許経歴が通算して2年に達しない者は運転できない。

3　消防用自動車、救急用自動車等の緊急自動車としての公安委員会への届出及び指定

　緊急自動車となる消防用自動車のうち消防活動に必要な構造装置を有するものは公安委員会に届け

出るものとし、その他の消防用自動車は公安委員会の指定を受けなければならない。

　救急用自動車については、救急用として特別の構造装置を有するものだけを、その使用者が公安委員会に届け出るものとし、その使用者は、国、都道府県、市町村、医療機関等に制限される。

4　安全運転教育

　消防用自動車等一定の自動車の使用者は、運転者に対し完全な運転の確保のために、必要な教育を行うように努めなければならない。

表2－5　一般道路での緊急自動車の通行の特例一覧表

特例の種類	内　　容	関係条文
⑴　通行区分の特例	右側通行ができる	第39条1項
⑵　停止義務の特例	法令上停止すべきときも停止しなくてよい	第39条2項
⑶　通行禁止の特例	通行禁止道路でも通行できる	第41条 （第8条1項）
⑷　進入禁止の特例	車両の通行の用に供しない部分も進入できる	第41条 （第17条6項）
⑸　左側寄り通行の特例	左側寄りに通行しなくてもよい	第41条 （第18条第1項）
⑹　歩行者の側方を通過時の特例	歩行者の側方通過時に1メートル未満に接近しても徐行しなくてよい。	第41条 （第18条第2項）
⑺　車両通行帯の通行の特例	車両通行帯の通行区分によらなくてよい	第41条 （第20条1項、2項）
⑻　路線バス等優先通行帯の特例	路線バス等優先通行帯においても路線バス等に優先されない	第41条 （第20条の2）
⑼　横断の特例		
ア　道路外に出る場合の特例	道路外に出るために定められた通行方法によらないでよい	第41条 （第25条1項、2項）
イ　横断、転回、後退禁止の特例	交通規制による禁止道路でも横断、転回、後退できる	第41条 （第25条の2、2項）
⑽　進路変更禁止の特例	禁止されている通行帯でも進路変更できる	第41条 （第26条の2、3項）
⑾　追越し禁止の特例		
ア　二重追越し禁止の特例	禁止されている場合でも二重追越しができる	第41条 （第29条）
イ　追越し禁止場所における特例	禁止場所でも追越しできる	第41条 （第30条）
⑿　交差点などにおける通行方法の特例		
ア　交差点での右左折の特例	交差点で定められた通行方法によらないで右左折できる	第41条 （第34条1、2、4項）
イ　一方通行路の右折の特例	一方通行路で定められた右折方法によらないで右折できる	第41条 （第34条4項）
ウ　進行方向別の指定通行区分の特例	交差点付近の進行方向別の通行区分によらなくて通行できる	第41条 （第35条1項）
⒀　横断歩行者の保護のための通行方法の特例		
ア　横断歩道付近の徐行の特例	横断歩行者がいるとき以外徐行しなくてよい	第41条 （第38条1項前段）
イ　横断歩道付近の追抜き禁止の特例	追越し禁止のところでも追越しできる	第41条 （第38条3項）
⒁　最高速度の特例	最高速度は80キロメートル毎時	令第12条3項
⒂　交通事故時の運転継続の特例	交通事故を起こした場合、乗務員に事故措置を行わせ、運転者は運転を継続することができる	第72条第4項 （第72条第1項）
⒃　高速自動車国道等における特例		
ア　横断等の特例	高速自動車国道等の本線車道で、横断・転回・後退ができる	第75条の9第1項 （第75条の5）
イ　加速車線通行の特例	加速車線を通行しないで、本線車道に流入することができる	第75条の9第1項 （第75条の7第1項）
ウ　出口接続車線・減速車線通行の特例	出口接続車線・減速車線を通行しないで、本線車道に流入することができる	第75条の9第1項 （第75条の7第2項）
⒄　座席ベルト装着義務免除	座席ベルトを装着しないで運転することができる	第71条の3

　　　　　　　　　　　　　　　　　　　　　　　※　関係条文は道路交通法の条項で、（　）は関連条項である。

5　消防用車両となる要件

　消防自動車以外の消防の用に供する車両で、消防用車両いわゆる消防用緊急車両として扱われるには、次の要件を備えていなければならない（道路交通法施行令第14条の4）。

(1)　消防自動車以外の消防の用に供する車両であること。

　原動機付自転車や軽車両（人力や馬力等で動かされるもの）で、小型又は手引動力ポンプ等がこれである。

(2)　消防用務であること。

　消防活動のために通行中であることが必要である。

(3)　サイレンを鳴らし、赤色の灯火をつけていること。

　小型ポンプを普通のトラックに積載して、火災現場に向かう場合には、トラックは消防用車両（緊急自動車ではない。）と解される。

　ただし、サイレン及び赤色灯が相手側に明りょうに確認できること。

6　消防用車両の通行の特例

　消防用車両いわゆる消防用緊急車両は、緊急自動車ではないが、その性格上、緊急自動車に準じた扱いをし、通行の特例を認めている。

表2-6　緊急自動車と消防用車両通行の特例の差異

特例の種類	緊急自動車	消防用車両	関係条文
(1)　交差点などの優先 　ア　交差点又はその付近 　イ　その他の場所	一般車両は交差点を避け左又は右に寄って一時停止 一般車両は道路の左側に寄って進路を譲る	一般車両は交差点を避けて一時停止 一般車両は通行を妨げてはならない	第40条 第41条の2第1項・第2項
(2)　通行区分・停止義務の特例	適用される	適用される	第41条の2第3項 （第39条）
(3)　路線バス等優先通行帯の特例	適用される	適用されない （バスが優先）	第41条の2第4項 （第20条の2）
(4)　軽車両・原動機付自転車の左折・右折の方法	（軽車両・原動機付自転車なので対象外）	定められた方法によらないことができる	第41条の2第4項 （第34条第3項・第5項）
(5)　緊急自動車の優先	———	優先されない	第40条
(6)　表2-5の(3)～(7)・(9)～(13)の特例	適用される	適用される	第41条の2第4項

※　関係条文は道路交通法の条項で、（　）は関連条項である。

7　緊急自動車の優先と消防用車両の関係

　緊急自動車は、交差点その他の場所で一般の車両に対し優先が認められ、一般の車両は、避譲義務があるが、消防用車両に対しては、その優先は認められない。したがって消防用車両が接近しても避譲義務はない（道路交通法第40条第1項、第41条の2）。

第2節　消防関係法規

1　消防車両の優先通行権

(1)　消防車が火災の現場に赴くときは、車馬及び歩行者はこれに道路を譲らなければならない（消防法第26条）。

　故意妨害は2年以下の懲役又は100万円以下の罰金（消防法第40条）

(2)　消防車の優先通行については、道路交通法の定めるところによる。

(3)　消防車は、火災の現場に出動するとき及び訓練のため特に必要がある場合において一般に公告し

たときに限り、サイレンを用いることができる。

(4) 消防車は、消防署等に引き返す途中その他の場合には、一般交通規則に従わなければならない。

2 消防隊の緊急通行権

消防隊は、火災の現場に到着するために緊急の必要があるときは、一般交通の用に供しない道路若しくは公共の用に供しない空地及び水面を通行することができる（消防法第27条）。

3 消防警戒区域の設定

(1) 火災の現場においては、消防吏員又は消防団員は、消防警戒区域を設定して、消防法施行規則で定める以外の者に対してその区域からの退去を命じ、又はその区域への出入を禁止し若しくは制限することができる（消防法第28条）。

(2) 消防吏員又は消防団員が火災の現場にいないとき又は消防吏員又は消防団員の要求があったときは、警察官は、前項に規定する消防吏員又は消防団員の職権を行うことができる。

(3) 火災現場の上席消防員の指揮により消防警戒区域を設定する場合には、現場に在る警察官は、これに援助を与える義務がある。

4 消火活動中の緊急措置

火災現場の土地使用処分並びに使用の制限権

権限行使者……消防吏員又は消防団員の場合

消防長又は消防署長、常備未設置地域の消防団長の場合

5 火災緊急時の援助協力（現場付近の者）要請権

6 緊急水利使用権

火災の現場に対する給水を維持するために緊急の必要があるときは、消防長、消防署長（未設は団長）は水利を使用し又は用水路の水門、樋門若しくは水道の制水弁の開閉を行うことができる（消防法第30条）。

第3節 消防関係の駐車禁止場所

消火活動で使用する消火栓や防火水槽及び指定消防水利などは火災が発生した際、一刻を争う消火活動の緊急時に使用するもので、これらの施設は道路交通法第45条により、駐車を禁止している場所である。駐車違反をした場合、法律により罰則金などが科せられる。

1 消防関係の施設等周辺で駐車禁止をしている場所

(1) 消防水利の周辺

① 消火栓から5m以内の部分

② 消防用防火水槽の吸水口若しくは吸管投入孔から5m以内の部分

③ 消防用防火水槽の側端又はこれらの道路に接する出入口から5m以内の部分

④ 指定消防水利（プール、池、井戸、河川等）の標識が設置されている位置から5m以内の部分

(2) その他

① 消防用機械器具の置場（消防自動車等の車庫や消火用ホース格納箱等）の側端又はこれらの道路に接する出入口から5m以内の部分

② 火災報知機から1m以内の部分

③ 駐車車両の右側の道路上に3.5m以上の余地がない場合

第4節　消防自動車の事故防止対策

1　消防団員の厳正な規律の維持
(1)　団員の綱紀の厳粛
(2)　信賞、必罰、業務上の違反

2　機関員の確保と教育訓練
(1)　優秀な機関員の確保
(2)　機関に関する教育訓練

3　監督者に対する責務の教育訓練
(1)　監督者の責務の自覚
(2)　監督者に対する教育訓練

4　監督者、機関員の特別注意事項
(1)　特権意識の排除
(2)　無免許運転禁止
(3)　飲酒運転禁止
(4)　高速運転注意
(5)　危険地点の運転法
(6)　乗車定員の遵守
(7)　避譲義務の過信排除
(8)　後続車に注意（対消防車）

5　消防自動車の点検、管理
(1)　消防自動車の点検の励行
(2)　消防自動車の濫用禁止

6　住民の協力要請と広報活動

7　その他
(1)　警察機関との協力態勢
(2)　被害者に対する適切な補償

　緊急自動車には、通行の優先、特例が認められているが、その運転者には、事故防止に関し十分な注意義務が要求されている。

　緊急事態といえども、緊急自動車の優先権、特例は絶対的なものではない。

第7章　消防団のドローン運用

　無人航空機（通称「ドローン」）は、離着陸や飛行のためのスペースが小さく有人航空機が飛行できないような気象条件でも機体が目視できれば飛行できるので、俯瞰的な情報の収集や交通途絶場所の飛行など、陸上からのアプローチが困難な場合に効果的に用いることができる。今後、火災対応・救助活動・情報収集・広域災害対応等の場面において、ドローンの活用による災害対応能力の向上が期待されている。

　総務省消防庁は、地域の消防団がドローンを活用し、災害現場の状況を素早く把握できる体制を整えるため、平成29年度から全国の消防学校にドローンを無償で貸し付けており、消防団員が操作訓練などを受けている。

1　ドローンに関する法令

　ドローンを含めた無人航空機の定義、無人航空機の飛行にあたり許可を必要とする空域と無人航空機の飛行の方法を定めた改正航空法が平成27年12月10日から施行され、その内容や飛行場所にかかわらず（私有地内であっても）、「禁止エリア」「禁止ルール」の条件によりドローンの飛行が制約されるようになった。ただし、特別な許可を受ければ飛行は可能である。

　また、国会議事堂、内閣総理大臣官邸その他の国の重要な施設等、外国公館等及び原子力事業所の周辺地域の上空における小型無人機等の飛行の禁止に関する法律（現：重要施設の周辺地域の上空における小型無人機等の飛行の禁止に関する法律）が平成28年4月7日から施行され、制定時法律名の施設等の上空が飛行禁止となった。

2　許可なくドローン飛行ができない「禁止エリア」

　次に掲げる空域においては、国土交通大臣の許可（安全確保措置をとる場合、飛行を許可）を受けなければ、ドローンを飛行させてはならない。

　なお、ドローンを飛行させる者には、飛行開始前に、飛行させる空域が「緊急用務空域」に該当するか否かを確認する義務がある。緊急用務空域とは、消防、救助、警察業務その他の緊急用務を行うための航空機の飛行の安全を確保する必要があるものとして国土交通大臣が指定する空域のことである。緊急用務空域においては、(1)(2)に係る飛行許可があってもドローンを飛行させることはできない【図2−25（B）】。

(1)　航空機の航行の安全に影響を及ぼすおそれがある空域
・　空港等周辺に設定された進入表面等の上空の空域【図2−23（A）】
・　地表又は水面から150m以上の高さの空域【図2−25（C）】
(2)　人又は家屋の密集している地域の上空
・　国勢調査の結果を受け設定されている人口集中地区（国土交通大臣が告示で定める区域を除く。）の上空【図2−25（D）】

図2−25　禁止エリア

（出典：国土交通省ホームページ　https://www.mlit.go.jp/koku/koku_fr10_000041.html）

3　ドローンの飛行の方法

　ドローンを飛行させるときは、国土交通大臣の承認を受けた場合（安全確保措置をとる場合は、より柔軟な飛行を承認）を除いて、以下の方法により飛行させなければならない。

（1）　日出から日没までの間において飛行させること。

（2）　無人航空機及びその周囲の状況を目視により常時監視すること。

（3）　人又は物件との間に30mの距離を保って飛行させること。

（4）　多数の者の集合する催しが行われている場所の上空で飛行させないこと。

（5）　火薬類、高圧ガス、引火性液体、凶器などの危険物を輸送しないこと。

（6）　機体から物件を投下しないこと。

図2−26　承認が必要となる飛行の方法

（夜間飛行）　　（目視外飛行）　　（30m未満の飛行）　（イベント上空飛行）（危険物輸送）（物件投下）

（出典：国土交通省ホームページ　https://www.mlit.go.jp/koku/koku_fr10_000041.html）

4　活用用途

　これまでに導入されたドローンの主な活用用途は、表2−7のとおりである。

表2−7　主な活用用途

分野	用途概要
火災対応	建物火災や林野火災発生時の火災の拡大状況の確認、部隊の展開状況の確認等
救助活動	山間部における要救助者の捜索
	水難救助における要救助者の捜索
情報収集	車両事故時の救助活動に関する周辺状況の把握
広域災害対応	大規模災害時の広域的被害状況の把握

　今後想定されるドローンの活用用途のイメージは、図2−27のとおりである。

図2−27　活用用途のイメージ

（出典：消防庁ホームページ　https://www.fdma.go.jp/concern/law/tuchi3001/pdf/300130_syo13.pdf）

第3編　　火災防ぎょ

第1章　総　　説

第1節　火災防ぎょの意義

　火災防ぎょとは、消防隊が現に有する消防機械、器具、施設、水利並びに人員を最大限に活用して、国民の生命、身体及び財産を火災から保護するために行う人命救助、消火、延焼防止、排煙、避難誘導、その他の関連活動の一切である。

1　火災防ぎょの活動機関

　消防機関は、こと火災に関しては火災の予防から警戒、鎮圧に至るまでのすべての業務を実施する法律上の機関で、消防本部及び消防署並びに消防団があるが、その任務は消防本部及び消防署も消防団も同一で、また、任務に軽重の差もない。

2　火災防ぎょの規範（ルール）

　火災は条件さえ整えば、どこまでも延焼拡大して人の生活を侵害し多大な損害を与える。消防隊はこれに対して攻撃してくる火災を迎え撃ち、また、これに積極的に反撃を加える等、消防と火災との攻防戦ともいえる活動を行う。したがってこの現場活動を消防戦闘ともいう。

　この消防戦闘には、一定のルールがある。

(1)　消防戦闘は、人命救助戦と物的防ぎょ戦がある。

　火災現場は死傷者がつきものといわれるが、火災現場で、人命に関する事態が発生した場合は、消防隊員は他のいかなる消防活動にも優先して人命を救助しなければならない（人命救助優先の原則）。

　物的防ぎょ戦は、現有の消防力を最大限に活用して、その損害を最小限度にとどめる。

(2)　消防戦闘の中心は！

　消防戦闘の中心（バックボーン）とすべきものは、延焼防止である。一棟一戸以上延焼させないことを原則とし、火元といえども状況によっては一挙に鎮滅を図る。

(3)　消防戦闘の勝敗！

　火災防ぎょが、現場での火災と消防との攻防戦であるからには、その戦闘の勝敗が明らかにされる。

　この消防戦闘の勝敗は、「火災の大小よりも、主として消防隊の行動が適切であったかどうか。」によって決定されるといっても過言ではない。したがって1軒しか焼けなくても失敗、また数軒焼けても勝ったといえるものがある。

3　火災防ぎょと住民の協力

　消防隊の火災防ぎょは、住民の協力が不可欠である。火災に関しては、消防の専門的業務であるが、消防の業務は火災予防も、火災防ぎょも、住民の協力を得なければならないものが大部分である。

(1)　通報の義務に協力（消防法第24条）

⑵　応急（初期）消火に協力（同法第25条）

⑶　消防情報の提供に協力（同法第25条第3項）

⑷　消防車の優先通行に協力（同法第26条）

⑸　消防警戒区域設定に協力（同法第28条）

⑹　消火活動に協力（同法第29条）

第2章　火の科学

　消防隊が、火災に対処して有効な防ぎょ活動を行うためには、火災と消火に関する十分な知識がなければならない。

第1節　火災の意義

1　火災とは

　火災とは、「人の意図に反して発生し若しくは拡大し、又は放火により発生して消火の必要がある燃焼現象であって、これを消火するために消火施設又はこれと同程度の効果のあるものの利用を必要とするもの、又は人の意図に反して発生し若しくは拡大した爆発現象をいう。」（火災報告取扱要領、平成6年4月消防庁長官通知）と定義されている。

2　火災の原因

　火災発生にいたる経過を大別すると、火気ないし可燃物使用の不注意、放火などの人為的なものと、落雷、化学変化、地震等の自然的なものとに分類される。

3　火災統計

表3—1　四季別出火状況　　　　　　　　（各年中）

年　別 季　別	令和2年				令和3年			
	出火件数 （件）	構成比 （％）	損害額 （百万円）	構成比 （％）	出火件数 （件）	構成比 （％）	損害額 （百万円）	構成比 （％）
春季（3月〜5月）	10,472	30.2	24,569	23.7	9,814	27.9	24,401	23.4
夏季（6月〜8月）	7,224	20.8	15,431	14.9	7,279	20.7	13,814	13.3
秋季（9月〜11月）	7,486	21.6	43,030	41.5	7,301	20.7	38,919	37.3
冬季（12月〜2月）	9,509	27.4	20,709	20.0	10,828	30.7	27,078	26.0
合　　計	34,691	100.0	103,739	100.0	35,222	100.0	104,213	100.0

（備考）　1　「火災報告」により作成
　　　　　2　冬季の1月及び2月は、当該年のものである。
　　　　　3　合計欄の値が四捨五入により各値の合計と一致しない場合がある。

4　火災の種類

(1)建物火災　　　(2)車両火災　　　(3)船舶火災　　　(4)飛行機火災　　　(5)林野火災　　　(6)その他火災

5　り災程度による分類

焼損程度による分類

(1)　全焼

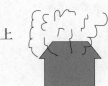

70％以上　　　　　　　　建物の70％以上焼損したもの又はこれ未満であっても残存部分に補修を加えて再使用できないもの

(2)　半焼

20％以上　　　　　　　　建物の20％以上のもので全焼に該当しないもの

(3) 部分焼

20％未満

建物の20％未満を焼損したものでぼやに該当しないもの

(4) ぼや

建物の10％未満を焼損したもので焼損床面積が1 m²未満のもの、建物の10％未満を焼損したもので焼損表面積が1 m²未満のもの、又は収容物のみ焼損したもの

※車両、船舶、航空機の焼損程度は建物火災に準ずる。

6　出火原因別による分類

(1) 失火

過失により発生した火災をいう。

(2) 放火、放火の疑い

作為的に火を放ったか又はそれと疑わしい火災をいう。

(3) 自然発火

酸化、薬品混合、摩擦などにより発熱発火したものをいう。

(4) 再燃

再燃により発生した火災をいう。

(5) 天災

地震、雷、噴火などによって発火した火災をいう。

(6) 不明

前各号以外で発火したものをいう。

第2節　燃　焼

1　燃焼の三要素

燃焼とは、空気中にある可燃物体が、酸化反応によって酸素と結合して、光と熱を発する現象をいう。

一般的に燃焼には、次の三つの要素がある（燃焼の三要素）。

(1) 可燃物が存在すること。

(2) 可燃物が燃焼するため必要な支燃物たる酸素が供給されること。

(3) 燃焼に必要な一定温度が持続されること。

図3—1　燃焼の三要素

酸素の供給

2　燃焼の種類

(1) 液体の燃焼　　(2) 気体の燃焼

(3) 固体の燃焼

3　燃焼に関する定義

(1) 発火点

可燃性物質を周囲から加熱していき、一定の温度に至ると、自ら燃え始める。この時の最低温度を発火点という。

(2) 引火点

可燃性液体（固体）の表面近くに小さな口火を置き、可燃物から発生した蒸気が燃え始める最低液体温度を引火点という。

(3)　燃焼範囲

　　可燃性蒸気と空気との混合割合が、濃過ぎても、薄過ぎても燃焼は起こらない。この燃焼が起こる混合割合の範囲を燃焼範囲という。

(4)　爆発

　　可燃性蒸気（気体）の急激な燃焼現象で、周囲に高圧力を及ぼし爆音を伴う現象を爆発という。

第3節　延　焼

　火災は、熱の移動によって延焼するものである。また、この熱は高温度のものから低温度の物体に移動する性質を有する。

1　熱の移動

(1)　伝導熱　　(2)　対流　　(3)　放射熱

2　延焼の素因

(1)　接炎延焼　　(2)　対流延焼

(3)　放射延焼　　(4)　飛火延焼（熱気流）

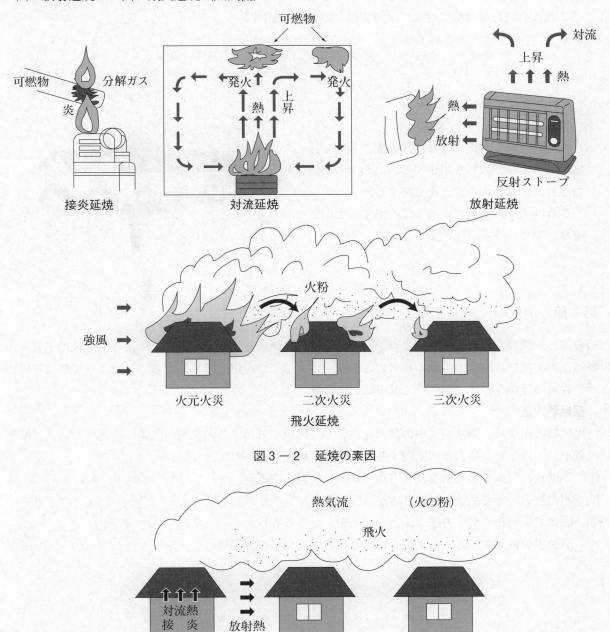

図3－2　延焼の素因

第3章　消　　火

第1節　消防戦術

　消防隊が消防活動として、火災を迎撃し、攻撃又は守備をする。すなわち火災と消防の攻防戦であり、また消防戦闘には過去の実戦から生じた一つの方法がある。この方法を消防戦術ともいう。

1　防ぎょ戦術の基盤

　防ぎょ戦術の基盤は、火災の延焼力と消防力の相互の力関係で決まる。

2　防ぎょ戦術の態様

（1）　攻勢防ぎょ

　火災の鎮滅を目指すもので、直接注水、その他の方法によって一挙に消火することである。言い換えれば、消防力を火点に集中的に発揮することを意味するものである。

　これは消防力が火勢に対して優勢な場合の戦術の原則である。

（2）　守勢防ぎょ

　火災の延焼を防止するため、火面を包囲し注水などによって火勢を阻止する、いわゆる消防力を対面に発揮することを意味する。

　これは消防力が火勢に対して、必ずしも優勢でない場合の戦術の原則である。

第2節　消火の三原則

　前章で、燃焼の三要素の説明をしたが、火災の消火は燃焼を停止させることであり、燃焼の三要素の可燃物、熱、並びに酸素の供給のうちのどれか一つ又は二つを併せて排除することによって燃焼を停止させ、火災の延焼を停止（消火）させることとなる。

1　窒息消火法

　可燃物の燃焼は、通常空気中の酸素を供給して燃焼するが、この空気（酸素）を遮断し、又は酸素の量が15％以下となるように密閉すると燃焼を継続することができない。

（1）　不燃性の気体で燃焼物を覆う方法（二酸化炭素、窒素等）

（2）　不燃性の泡等で燃焼物を覆う方法（泡消火剤）

（3）　固体で燃焼物を覆う方法（ふとん、毛布、むしろ等）

（4）　燃焼室を密閉する方法（土蔵の目ぬり、倉庫、船室の密閉等）

2　除去消火法

(1)　燃焼物や火源を取り除き、消火し又は延焼を阻止する手段をいう。

(2)　大火時の建物破壊、除去、分断、可燃物の搬出（山林火災防火線）。

3　冷却消火法

　　水又は消火薬剤等の冷却効果により燃焼物件を冷却して、その温度を発火点以下に下げて消火する手段をいう。水の消火効果は、次のとおりである。

(1)　冷却消火効果が大である（冷却消火）。

(2)　水幕を張る（飛火の予備注水、噴霧による自己防衛）。

(3)　水蒸気を発生させ空気（酸素）を希薄にする（希釈消火、油火災効果）。

(4)　高圧注水で破壊作業に効果が大である。

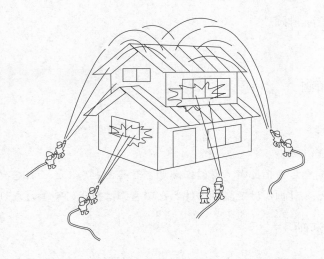

4　希釈消火法

(1)　可燃性蒸気の濃度を薄くして消火する。

(2)　強い風で吹き消す。

(3)　不燃性の気体を放射して、可燃物の表面の酸素を薄くする。

　　以上のうち、主に窒息消火、除去消火、冷却消火の三種の一つ又は二つを併用して消火作業を行うが、この三つの消火手段を「消火の三原則」という。

第4章　各　　論

火災防ぎょ活動の成否は、綿密周到な事前準備と火災に関する隊員の十分な知識と技術の確立にある。消防に限らず、すべての事業を行おうとする場合には、その事業を成功させるためにも、事前の準備、すなわち「事前計画」が必要である（「いかなる事業も、無策無計画の事業は失敗に帰する。」）。

第1節　火災防ぎょ計画

現場における消防隊の消防活動は、迅速さと活動の正確さが何よりも要求されるところである。

このために樹立される消防の事前計画は、すべての隊員が遵守しなければならない、上司からの事前指揮であり、事前命令でもある。したがって、すべての指揮者はもとより隊員にいたるまで十分その内容を熟知して、計画にのっとり、行動しなければならない。

1　火災防ぎょ計画

- (1)　消防隊の出場計画
- (2)　危険区域の出動計画
- (3)　特殊建物の防ぎょ計画
- (4)　直近火災の防ぎょ計画（消防車庫、庁舎等の）
- (5)　区画防ぎょ計画
- (6)　火災警報発令時防ぎょ計画
- (7)　飛火警戒計画
- (8)　防ぎょ線計画
- (9)　危険物火災防ぎょ計画
- (10)　消防水利統制計画
- (11)　二次火災防ぎょ計画
- (12)　大規模応援部隊誘導計画

以上のような計画を樹立して指揮者、隊員に熟知させるとともに、これを実地に繰り返して演習訓練することが大切である。計画だけで訓練の伴わないものは机上の空論となりかねない。

第2節　火災防ぎょ活動

火災の防ぎょ活動は、火災の覚知に始まり、出動から現場到着、活動し終わって引揚げにいたるまでの一連の行動であるが、火災の態様は千差万別であるため、本書では詳細に記述する余裕がないので、一連の行動体系を記述するにとどめる。

1　出場準備

火災の防ぎょは覚知に始まるといわれるが、これは「火災の最初の1分間」といわれるように、初期消火の重要性を表しており、消火隊も1分1秒を争って出場する。したがって、消防隊は常時の出動態勢のときから火災防ぎょ態勢を完備していなければならない。

(1)　人的準備

消防隊員は、出場区域内の火災出動に備え、いつ、いかなる場合でも直ちに出場して活動ができるように、常時、事前出場準備を完備する。

- ①　消防活動の激務に対応する心身の鍛錬。
- ②　昼夜を問わず、防火衣等の装身具の準備と整理。
- ③　区域内の地理、水利、地形等に精通する。
- ④　平素から各自の任務分担に留意し、任務を果たす。

(2)　機械・器具の準備

　　いかに優秀な機械といえども、現場で故障し、あるいは器具等の積載忘れ等のため現場で十分活動し得ないものは、金くずに等しい。したがってこれらは、日頃から整備に努め、いかなる場合でも、その能力が発揮できるように事前準備する。

2　火災の覚知

　　火災防ぎょ活動は、覚知に始まる。したがって火災覚知の早遅は、消防活動の成否を決定する。

(1)　火災覚知の方法

①　火災専用電話（119番）
②　加入電話
③　警察電話
④　通報設備直通電話（ワンタッチ、自動通報＝官公署、事務所等）
⑤　駆けつけ通報
⑥　消防専用有・無線電話

3　出　動

　　出動は、迅速と確実を旨とし、完全な部隊を安全に現場に到着させなければならない。故障や事故等で現場に到着できないことがないようにしなければならない。

(1)　出動時の留意事項

①　少し遅れても安全第一（速くても事故より、完全な戦闘力を！）。
②　優先通行の観念を捨てよ（他車や人が避けてくれると思うな！）。
③　急がば回れ（慣れた道、広い道、良い道か？　ぬかるみの道でないか？）。
④　絶対に乗り遅れるな（1番員から4番員までの役割分担を守れ！）。
⑤　真剣に乗り込め（隊員は機関員の急停車、カーブに注意！）。
⑥　常に完全武装を（事前準備、器具、燃料は？　活動ができるか？）。
⑦　出動時は現場を確実に確かめる（よく似た町名は多い。東町西町）。
⑧　道路工事や破損に注意する（道路は一夜で変わる）。
⑨　消防車同士で競争するな（指揮者は監督）。
⑩　火災現場では特に走行注意（避難者やり災者は異常心理）。
⑪　消防計画の出場統制に従う（二次火災や地元火災）。

4　水利選定

　　消防自動車等が現場に到着したらまず、水利の選定確保を第一に行う。水利選定は常に、火災防ぎょのための吸送水であり、消防戦術的に部署しなければならない。

図3-3　消防水利の種別

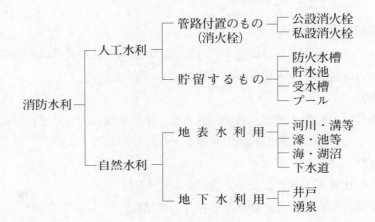

(1)　水利選定と部署時の留意事項

①　ポンプは砲車、水は弾丸である（火災出場は、水利出動と思え）。

②　水利は直近水利で火災を包囲的に（水利の一方偏差は防ぎょ上危険）。

③　自然水利は落差に注意（理論上10.33m、実質7〜8m）。

④　河川の流水速度、ゴミ、泥土に注意（吸管投入に留意）。

⑤　水利統制を厳守（1台しか使えぬ水利は1台限りに。共倒れ防止）。

⑥　大火時には、最初から大量水源を（防ぎょ途中で水利移動するな）。

⑦　消火水をまた消火用水に（場合によっては使用できる）。

⑧　到着順を考慮し、後着隊の進路妨害とならぬよう。

⑨　先着隊は消火栓、後着隊は水量豊富な自然水利を。

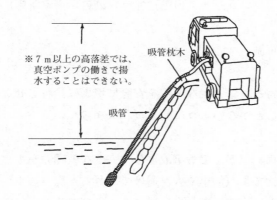

※7m以上の高落差では、真空ポンプの働きで揚水することはできない。

吸管枕木

吸管→

5　ホース延長

　ホース延長は、筒先が火点進入して防ぎょ部署を決定するための重要な現場作業で、その意義は重大である。

(1)　ホースの延長方法

①　らく車又はホースカーによる延長方法

②　手びろめによる延長方法（二重巻きホースと折りたたみホース）

　　住民のホース延長協力に注意（おねじとめねじの逆延長）

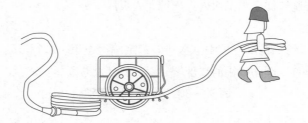

6　火点進入（防ぎょ部署）

　火災現場で、筒先が位置する防ぎょの部署であって、この進入方法の良否は火災の被害を最小限度で鎮滅し得るか、あるいは延焼拡大させるかの分岐点でもある。

(1)　火点進入の根本方針

　　火点進入は、延焼危険の程度に応じ、適切に進入し、延焼危険の大なる方面に部隊の進入が欠けるようなことがないよう、かつ、火点包囲の態勢をとらなければならない。

(2)　防ぎょ部署の三原則

　　進入部署は、火災の状況によりおおよそ、次のように大別する。

①　攻撃部署……火勢よりも消防力が優勢なとき（一挙鎮滅）。

②　守勢部署……火勢よりも消防力が劣勢のときの部署として、延焼防止を主眼とし、部隊の集結

　　　　　　　　を待って攻撃に転ずる。
　　③　防戦部署……強風時の飛火火災等、大火の様相があるときは、飛火警戒隊、大防ぎょ線等を
　　　　　　　　もって対処する。
(3)　大局的進入部署
　①　火災対応原則
　　ア　火災は四周に向かって無限に延焼する。
　　イ　家屋の密集する方向に延焼する。
　　ウ　風下方面の延焼は強大である。
　　エ　大家屋の延焼は強大である。
　　オ　延焼拡大するにつれて、延焼速度がますます速くなる。
　　カ　火災には死傷者を伴う。
　②　大局的進入部署
　　　前項のことから、筒先が位置する防ぎょ部署の原則が決定される。
　　ア　延焼危険大なる方面に進入する（濃煙と熱気の抑制）。
　　イ　家屋の密集する方面に進入する（被害軽減）。
　　ウ　風下方面に進入する（延焼防止、飛火警戒）。
　　エ　重要建物方面に進入する。
　　　㋐　社会上重要建物〜その建物が焼けることによって、政治、経済上影響を与える建物は他に
　　　　　優先して防ぎょする。
　　　㋑　消防上重要な建物〜その建物が焼けることにより、ますます延焼拡大して大火となるおそ
　　　　　れがあるときは、第一義的に防ぎょする。
　　オ　手薄方面に進入する（後着隊）。
　「濃淡緩急適切なる状況判断」
　　火災現場では、延焼危険の大なる方面には多くの部隊を進入させる。また、火勢に応じ、早く進
　入しなければならない場所、後から進入する場所がある。これらを筒先員又は指揮者が迅速適確に
　判断することをいう。
(4)　ブロック（街区）火災進入法
　　市街地において、道路や空地等に囲まれた建物の集団をブロック（街区）と称し、そのブロック
　内の建物の位置によって、適切に防ぎょする方法。
　①　ブロック角火災　　②　ブロック面火災
　③　ブロック内火災　　④　ブロック競合火災（判定困難な火災）

図3−4　ブロック角火災　　　　　　図3−5　ブロック面火災

図3−6　ブロック内火災　　　　　　図3−7　ブロック競合火災

(5)　木造大建築物火災の進入方法

　　この火災は、廊下、天井裏等空間が多く、これらを走炎して延焼拡大するので大火になりやすい。

　　進入方法は、図3─8のとおり。

　①　先着隊は屋内進入して、火先を制し延焼阻止を主眼とする。

　②　後着隊は隣接建物に注水冷却、状況により積極的に隣接建物に進入する。

　③　上階層に延焼しやすいので、火点確認の上、上階層に第一進入する。

図3─8　木造大建築物火災の進入図

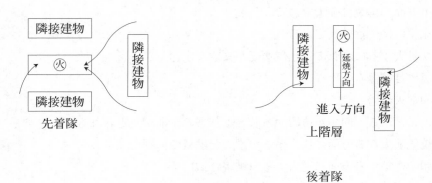

(6)　防火構造建物火災の進入方法

　①　濃煙と熱気が充満するので、火点確認して注水防ぎょに当たる。

　②　表面は弱く見えても、壁間からの延焼で一気に拡大する。

　③　鎮火しても壁間に残火があるので十分検査し、再燃に注意する。

　④　タイル張り壁は、最盛期一挙に外側に崩れ落ちるので注意する。

(7)　耐火構造建物火災進入方法

　　濃煙と熱気に注意。家具調度品の化学物質から有害ガスが発生することもある(隊員は呼吸器を)。

7　機関運用（第2編第5章参照）

8　注　水

(1)　注水位置（部署）の選定

　　注水効果の是非は、注水位置の適否により決定される（適切な状況判断が必要）。

　①　重要方面　　②　火点包囲　　③　守備範囲　　④　筒先移動　　⑤　安全

(2)　注水姿勢

　①　立姿注水　　②　折敷注水　　③　伏せ注水

(3)　注水目標

　　注水目標は、現場の火勢に対応して刻々と変わるので、その変化に従って有効注水に努める。

(4)　注水方法

　①　集中注水　　②　拡散注水　　③　流下注水（壁間、屋上）

9　噴霧注水の効果

(1)　噴霧の種類

　①　噴霧粒子の大きさによる分類

　　ア　超微粒子噴霧（ミスト）

　　イ　噴　霧（フォッグ）

　　ウ　雨滴状噴霧（スプレイ）

　②　放射形状による分類

　　ア　低速型噴霧　　イ　高速型噴霧

　③　噴霧ノズルの種類

　　　ア　衝突式　　イ　遠心式　　ウ　案内羽根型　　エ　展開式
　(2)　噴霧注水の長所、短所
　　①　長所
　　　ア　吸熱効果、すなわち冷却消火効果が大である。
　　　イ　屋内火災等で対流作用の小さい所では、水蒸気の発生により、希釈消火効果及び窒息消火効
　　　　果が大である。
　　　ウ　上記と同じ理由で排煙効果を有する。
　　　エ　放射熱や熱気流のため火点に近接できないときは、噴霧注水を保護水幕として進入すること
　　　　ができる。
　　　オ　使用水量の節約となる。
　　　カ　高圧噴霧により、油火災を消火することができる。
　　　キ　電気火災にも、粒子と粒子の離間により活用できる（距離）。
　　　ク　車両、地下室等の密閉火災に有効である。
　　　ケ　水損防止上有効である。
　　　コ　広い面積に注水できる。
　　　サ　放水の反動力が少ない。
　　②　短所
　　　ア　放水射程が短い。
　　　イ　衝撃力が小さい。
　　　ウ　対流作用の大きい所では、小さい粒子は押し出される。
　　　エ　高圧を必要とする。

10　火災鎮圧
　　鎮圧は、延焼がなくなり火勢を抑えた時点をいう。鎮圧状態では、まだチョロチョロとした火と煙
はあるが、有炎現象がなくなった状態でほぼ火が消え、これ以上の延焼をしないと判断されたときで
ある。

11　火災鎮火
　　鎮火は、火災が消火され消防隊による消火活動の必要がなくなり、完全消火して残火処理を行い再
び火災にならない状態時に、火災現場の最高指揮者が再燃のおそれがないと判断したときである。
　　なお、火災鎮圧・火災鎮火の定義は、法律用語ではないので市町村の規程等で示されている。

12　残火鎮滅

　　火災防ぎょ活動の最後の仕事は残火鎮滅である。残火鎮滅は火災現場のすべての残火を消して、絶対に再燃しないようにしなければならない。残火鎮滅をおろそかにして再燃火災となった例は数多くある。

13　現場保存

　　火災の現場保存は、残存物件の財産保護とともに、消防の責任である火災原因並びに損害調査を容易にするために最も重要なことがらである。

　　いやしくも、消防活動、特に残火鎮滅時に、現場の物件を無為に移動させたり現存地以外にとび口等ではね飛ばすようなことをしないこと。

14　引揚げ

　　現場活動が終わったならば、速やかに引き揚げなければならない。引揚げは、残火鎮滅終了後引き揚げる場合と、一応消火ができたならば、残火鎮滅は地元分団等に任せて、他の部隊は引き揚げる場合とがあるが、いずれも、現場責任者の状況判断によって決定されるので、その指示に従って行動しなければならない。

　　なお、現場で引揚げの指示は、全隊員を集合させ、最高指揮者のあいさつ、訓示及び人員、器材の報告を行った後とする。

（1）　引揚げ準備

　　①　使用した機械器具は速やかに収納する。

　　②　収納後は任務分担に従って異常の有無を点検する。

　　③　引揚げ準備は全員が協力して行い、かつ、規則正しく行う。

　　④　異常の有無は必ず上司に報告する。

（2）　引揚げ途上の注意

　　①　機関員は車庫に到着するまで緊張を解いてはならない。

　　②　交通事故防止に最善を尽くす。

　　③　隊員は転落しないよう、また器具の落下に注意する。

（3）　引揚げ後の整備

　　①　引揚げ後は、いかなる深夜といえども、次の出動に備えて機械器具の再点検を行う。

　　②　ホースの補充又はぬれホースの交換をする。

　　③　ガソリン、潤滑油等の燃料を補給する。

　　④　携帯無線機や拡声器等の電池の入替え、充電をする。

　　⑤　被服の着替えは速やかに。

　　⑥　汚損した機械器具は直ちに清掃整備する。

　　⑦　出動準備完了後は上司に報告した後解散する。

第4編 現場指揮

第1章 概 論

　我が国最悪の大津波災害となった平成23年3月11日に発生した東日本大震災において多くの消防団員が犠牲となった。また、平成26年中に起きた戦後最悪の広島市の土砂災害や御嶽山の火山噴火災害などの大規模災害時において、常備消防が自衛隊や警察等との連携強化が必要となり、常備消防が国の直轄部隊で活動する機会が増えた。自治体消防を超えた消防活動の展開を踏まえ、市町村消防団が地域住民のリーダーとしての役割が増すなかで、幹部団員による現場指揮の重要性が不可欠となっている。

　地域防災力の中核として、消防団が自主防災組織等の指導・育成に関わることが求められており、大規模災害時において指揮能力を高める必要があることから、平成26年3月、指揮者としての指揮能力を向上させるために、消防団員に対する消防学校教育が大きく見直された。消防学校教育では、初めて「指揮幹部科」が設けられ、災害現場における指揮の在り方について実戦的な実技訓練等を行う「現場指揮課程」と「分団指揮課程」の二つの教育が新設されるなど、これまで以上に幹部団員が災害現場等で消防団部隊を指揮する技量が求められている。

第1節　現場指揮

　現場指揮とは、火災現場をはじめとするあらゆる災害現場において、1個の消防車両部隊を統率・指揮する部長及び分団長等がその職責を自覚し、災害状況及び部隊を掌握し、明確な活動方針のもとに組織的な活動を展開し、被害の軽減を目標として部隊活動を行うことである。

　そのためにも、指揮者の活動方針を実現させる手段として、部隊に具体的に指示命令を行うとともに、活動を統制することが現場指揮の基本となる。

　指揮の長は、消防活動の核であり、いかなる事態に対処しても沈着、冷静な判断を行い、確固たる信念を持って現場指揮に当たり、団員の安全管理を絶対忘れてはならない。

1　現場指揮者の基本事項

(1)　消防活動は、人命検索、救助を第一とし、消火活動は、周囲建物への延焼阻止を主眼とした指揮を行う。常備消防部隊が到着した場合は、速やかに人命救助等は専門部隊に委ね、側面的な支援活動を行う。

(2)　災害の状況を把握し、各団員に具体的に下命（任務付与）を行い、各隊員の任務を明確に示す。

(3)　災害の状況等から、部隊が不足すると判断した場合、あるいは特殊な部隊及び資器材が必要と判断した場合は、躊躇することなく上級指揮者に対し応援要請を行い、迅速に活動態勢を確保する。

(4)　特異な災害や大規模災害等の場合は、消防活動範囲が広く、また、複雑となることから現地指揮本部を設け消防団活動の機能強化を行い、分団長や団長等への連絡を密にし、現場指揮本部の指示命令を忠実に果たす。

(5)　災害現場では、常に危険が存在、また、潜在していることを認識し、活動環境及び各隊の活動状況の掌握に努める。活動中危険を察知した場合は、直ちに一時退避等の措置を講ずるとともに、

危険情報は全団員に周知し安全管理を徹底させる。

(6)　現地指揮本部長の統制下で活動させることが鉄則であり、一部の恣意的行動は、消防活動全体に大きな影響を及ぼし、団員に思わぬ事故による負傷等を招くことになるので、統制下での活動を徹底させる。

2　現場における指揮と統制

(1)　指揮統制とは、現場における消防活動は、迅速と正確でなければならないことは消防隊に何よりも要求されるものである。消防隊が迅速な行動と正確な防ぎょ活動を得るためには、日頃から消防団の管轄する地域において、山間部や都市部、繁華街や密集地域など、いかなる場所にいかなる火災が多いか、また、いかなる種類の火災が発生するかを予測した事前対策（計画）が立てられていなければ、十分な業務遂行は難しい。また、これが事前指揮あるいは事前命令であることは第3編第4章で述べたとおりである。

しかしながら「同じ火災は二度とない！」といわれるとおり、火災はその場所、その時期、そのものによって千差万別で極めて複雑である。ゆえに、単に事前計画のみに頼っていては、消防戦闘に万全を期すことはできない。この間隙を補うために火災の現場においては、その火災に適応する指揮、命令が必要となる。こうした指揮・命令を「現場指揮」「現場命令」という。

消防隊の現場活動は、指揮者の優劣によって適否が決定される。すなわち消防戦闘の勝敗は、指揮者の指揮いかんによって左右されるといっても過言ではない。

特に、現場指揮、命令は一元化されていることである。

火災現場では、上・中・下級指揮者が、それぞれの任務分担に基づき団部隊を運用するが、これらはすべて上級指揮者の意図により、その意図のままに消防部隊が一糸乱れぬ統制によって運用されてこそ現有勢力の機能を最大限に活用できるものである。指揮命令がバラバラとなり、これが一元性を保ち得なかったとすれば、部隊活動は支離滅裂となって、優秀な機械装備を保有した団部隊であっても烏合の衆となって、任務遂行に支障となることから、ここに現場統制の重要性が生じるのである。

(2)　指揮統制の種類

現場において指揮に当たる団幹部は、これまでの火災防ぎょの体験や知識と経験を基に優れた知恵を有していることから、現場に応じて状況に対応する適確なる判断力を持ち、加えて、実行するための勇気を持って指揮に当たらねばならない。

①　防ぎょ要否の決定

消防部隊は、現場に到着した部隊が必ずしも防ぎょ活動に従事するとは限らない。現場に後着（後着隊として到着した部隊）の指揮者は、火災の状況が既に後着部隊の防ぎょ活動を要しないと判断される場合は、放水準備のみでその場に待機するように命令するとともに、自己の団員が隊の位置を離れて単独行動を取らないように指示命令する。「無用放水は百害あって一利なし」の教訓のとおり、水損防止をするのもプロ（火消）の仕事である。

特に、現場の上級指揮者は、後着部隊の防ぎょ安否を迅速に決定して伝達しなければならない。

②　水利統制

消防団がいかに進歩した消防車両を保有していても、一早く現場に到着しても、水が不足していればどうにもならない。消防部隊は少ない水を有効に活用しなければならないが、部隊の出動が無統制となると水が不足し、共倒れとなることが多い。

消火栓も防火水槽も、1台しか使えない水利は1台しか使用してはならない。指揮者は現場の実態を素早く判断し、出場部隊に対して水利統制を厳守するよう指揮統制を図り、遠距離から水

利はポンプ中継技術を運用する。

③　防ぎょ担当方面の決定

「火災は四周に対して延焼拡大する」、これは絶対の原則ではあるが、火災は気象状況、建物の状況、道路や通路の関係等からおのずと延焼に対して緩急があるので、現場到着部隊の指揮者は出動走行の中途から、また、無線情報や煙上色の濃淡等から状況判断し、火災現場周囲の状況に適応して延焼危険の最も大なる方面から逐次「第3編第4章第2節6火点進入」の要領にのっとり、濃淡緩急適切なる状況判断により、自隊の防ぎょ担当方面を決定する。

④　移動転戦

火災中、最も重要方面と判断して防ぎょに従事していても、時間の推移、火勢の進展等によって、重要方面が無用の部署と変化する場合もあり、また、火勢の大進展によって一般火災防ぎょの原則に反して、集中防ぎょの戦法を余儀なくされる場合等もあるので、これらの場合において指揮者は、転戦の機を逸することのないよう部隊を迅速に移動させて新事態に対応する必要がある。

【移動転戦の要領】

ア　水量不足又は延焼拡大して敗退の余儀ない場合に初めて転戦する。

イ　自団の全団員に転戦命令を徹底させる。

ウ　転戦後の水利部署及び進入部署を徹底させる。

エ　新たなホース延長を迅速に行わせる。

オ　指揮者は特に延焼速度と転戦所要時間の関係を十分考慮する。

第2節　指揮組織

災害現場指揮者は常に上級指揮者からの下命事項を実施に移すことはもちろんであるが、下命事項を通じてその根底にある下命者の意図を実現する姿勢が大切である。

また、指揮系列は、いつ、いかなるときでも尊重されなければならない。このため命令や報告は、分団長・副団長・団長といった指揮上位系列に従って行う必要がある。

緊急の場合や危険が切迫している場合は、指揮系列を飛び越えて命令、報告がなされる場合もある。消防活動の特性から見て当然起きることであり、このような場合、上位の指揮者は当該指揮者に対して速やかに下命又は報告事項を下達しなければならない。災害現場は一刻を争っており、そうしないと指揮者は状況判断ができなくなり、事後の指揮が事実上困難となる。

1　指揮者の心得

(1)　指揮を執る者は普段から常備消防との連携を図り、消防計画や防災計画等に精通しておくこと。

(2)　指揮者が指揮能力を有することは絶対の要件であり、指揮能力を高めるためには、指揮命令系統を把握し、多くの訓練等を通じて、とっさに出てくる号令用語を習得するなど、消防技術に長じ、確固たる判断力と信念を養成する必要がある。

(3)　指揮者は、常に火災時には火勢の判定と出動部隊の活動状況を察知することが肝要である。

(4)　指揮者は、常に無線通話を活用するとともに伝令要員を活用すること。

(5)　指揮者は、いやしくも遅疑逡巡して機を失することのないように、また、確信を持って指揮命令しなければならない。

(6)　指揮者は、どのような場合でも沈着冷静でなければならない。

(7)　中級指揮者は上級指揮者の指示する担当方面の部隊を指揮し、下級指揮者は自ら火勢の確認を行い所属の分団を指揮する。

(8)　上級指揮者は、全局面の指揮並びに統制連絡に至便な位置に配置しておくこと。

⑼　現場指揮を行うためには、確固たる信念の下に、具体的、かつ、簡単明瞭に命令を発する必要がある。

⑽　指揮、統制、連絡に遺憾のないように指揮者は常に報告、通報連絡を怠ってはならない。

2　指揮者の心構え10箇条

①　火事場というところは、やり直しがきかないことを心掛けて行動せよ！

②　現場到着したら、どんと構え、落ち着いた態度で、一般人（現場関係者）には具体的に問い掛けるよう行動せよ！

③　冷静であれ！　うろたえるな！　情報連絡を密にして状況を把握し、課題や問題点を分析判断し、タイミングを失せず決断すべく行動せよ！

④　現場活動を円滑にするには、必要なときに必要なことを必要なだけ、しかも、必要な方法で言えるよう行動せよ！

⑤　実態を正しく見つめること、他人任せでなく、自分の目で確かめるよう行動せよ！

⑥　責任は取るものでなく、果たすものと思料し、活動中は自分に絶えず言い聞かせて行動せよ！

⑦　言うべきことは言え。「良いことは良い、悪いことは悪い」と言えるように行動せよ！

⑧　事故を起こしてまでも、急いでやる仕事はないと思料して、いかなるときも現場の事実を自覚し、安全確保が第一と考えて行動せよ！

⑨　消防活動は一人では何もできない！　チームになって初めて大きな仕事ができることと知り行動せよ！

⑩　現場は、常に戦いの場と考えて行動せよ！

第3節　指揮本部の運営

　災害現場では、消防団においても現場指揮本部が設置され、指揮本部の最上級責任者となる指揮本部長の決定する活動方針を実現するため、各隊が様々な任務を分担して遂行することとなる。一方、各隊の活動はそれぞれ密接な関係があり、一部の隊の恣意的行動は、他隊の活動に思わぬ影響を及ぼし、消防活動全体が大きな支障を受けることとなる。したがって、災害の規模、態様に応じた組織活動を展開させるためには、指揮本部長を中心とした指揮本部が、各隊への任務下命、活動統制などその機能を最大限に発揮し、円滑な運営に当たることが重要である。特に指揮本部長の任務は、災害の実態把握、活動方針の決定、部隊指揮、応援要請、現場通信、現場広報など多彩かつ広範囲であることから、平素から役割分担を行っておき有事に対応できる指揮本部を運営しなければならない。

第4節　指揮本部の設置

⑴　指揮本部の設置は、災害の態様、規模から消防隊の活動が複数の分団が集結した時点を基本とし、消防団本部要員で設置することが原則である。

⑵　消防団現場指揮本部を設置した場合は、設置位置等を含めて常備消防に報告し、団各部隊にも周知する。

⑶　災害現場における副団長以上の指揮本部長の位置は、常に明確にしておく。また、指揮本部開設後は、指揮本部において指揮を行うことを原則とし、災害状況把握等のため指揮本部を離れる場合は、必ず上席指揮者がいるよう努める。

⑷　指揮本部が収集した情報はその都度、整理・分析し、必要に応じて活動中の各部隊に下命、あるいは情報をフィードバックし、二次災害等の防止に努める。

⑸　指揮本部長は、指揮本部機能を最大限に発揮させるため、情報の収集、分析、整理及び伝達等に

ついて具体的に指示を行うとともに、常備消防指揮本部等と連携した指揮本部運営に当たる。また、山林火災や行方不明者捜索等の災害時には、警察・自衛隊等が設置している現地本部とも連携し指揮本部運営に当たる。

第5節 必要な技術・技能の習得

現場指揮者となる班長・部長・分団長等は、消防学校教育や訓練等で修得した行動する能力を身に付け、いかなる場合においても毅然とした行動態度が取れるようにしておくことが肝要である。

修養した行動学こそ、部隊での安全が図られ、かつ、災害の鎮圧が有効にできることとなる。

【指導者の行動学20箇条】

① 実態を直観的に見抜く勘を養うことである。

② 即断即行を心掛けるよう、修練を積んでおくべきである。

③ どんな事態にあっても、なすべきことを実施すべきである。

④ 常に最悪の事態を想定し、最善の策を早めに打っておくことが大切である。

⑤ 個々の力の範囲で任務を与えられるよう団員をよく知るべきである。

⑥ 一人のけが人も、1件の事故も出さない管理能力は、厳しい訓練のたまものである。

⑦ 判断がつかなかったら悪い（危険側）方を考えろ！ 消防力（部隊数や資器材等）によって戦術が違うのである。

⑧ 活動技能を向上するための訓練に近道はない。聞いて「わかる」ことと「できる」ことは違う！ 一度トレーニングすると動く態様が違うのである。

⑨ 訓練は実戦のように、実戦は訓練のように！ 訓練で泣いて実戦で笑えるのである。

⑩ 技量を過信することなく、謙虚に自信を持って行動し、安全のための省略は厳禁と思うことである。

⑪ 同種事故、関連事故防止のための事例は、かけがえのない教材として活用することである。

⑫ 経験は知識を生み、知識は教養を生み、教養は実力を生むものである。

⑬ 当たり前のことを、当たり前にできるような人を育てること、教育訓練が重要で人を育てることが力となるのである。

⑭ 訓練は部下のためではない、自分のためである。消防活動に一発勝負はない。訓練でできないことは、現場でも絶対にできないものである。

⑮ 機械には安全装置が付けられるが、隊員には付けられない。付けられるのは安全に対する「意識」を植え付けさせることである。

⑯ 部隊員が担当する器材等の性能や取扱要領、限界範囲をよく部隊長自身が熟知しておかなければ、指示命令など使えないと思うことである。

⑰ 安全は注意と努力の積み重ねであり、機械・器具に責任はなく、取り扱う本人に責任はあるので、積載機材は十分に習得させておくべきである。

⑱ 安全点検には原理があり、何ができて、何ができないのか限界を知ることも大切である。

⑲ 現場での安全は与えられるものではなく、自分で作り出すものであり、危険要因を排除することが安全管理の基本である。

⑳　火災は時間との戦いである！　状況や情報を正確に読み取る力を身に付け、現場引揚時には、火点一巡と一声運動の励行を忘れない心掛けが必要である。

第6節　指揮訓練

消防活動は、実戦経験を積んでいると、状況把握、判断、決断等の一連の行動が反射的にできるようになる。イメージトレーニングを実施することにより、いざ活動という事態への対応が反射的にできるようになる。

①　自己隊の警防力量をアップするのは、日々の訓練の中にある。
②　訓練によって確認していないことは本番でできるわけがない。
③　災害活動は甘くはないので、常に危険側、最悪事態を予測して訓練で習得する。

1　訓練方法（例）

(1)　指揮技能の向上は、災害活動の経験を積み重ね、これを土台に自身の指揮技術を構築するものであるから、技能の向上のためには工夫して災害現場の失敗例を取り上げて訓練するとよい。

(2)　訓練を行うに当たっては、優先項目、速報順位などを事前に指導しておくとよい（一つのパターンを作る。）。

(3)　災害活動の反省点は、あえてオープンにして教材として活用することで、次の現場活動に反映できる。

(4)　災害時における現場管理で留意することは、抽象的な指示命令を出しても、隊員が動かないということである。自分の考えや方針については、常日頃から部下との意思の疎通を図り、その方針等を伝えておくことが重要である。

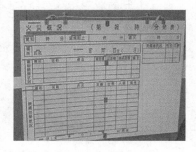

(5)　災害現場の指揮板へ表示する記号やマークなどは事前に作成しておき、照明器具を含めた資器材一式を車両に積載し、普段の訓練で活用し熟知しておくとよい。

訓練にはあらゆる方法があるが、次に示す訓練内容は、某消防学校が行っている幹部教育での建物想定訓練と総合想定訓練である。保有資器材や訓練人員に応じて実施するとよい。

図4−1　消防団現場指揮課程想定訓練例

訓練想定		「火災想定」 ○○○町○○の○○ビルで火災が発生した。 建物周辺には多数の逃げ遅れがいる。 隣接する○○工場へも延焼のおそれがある。			
1回目	人員	2回目	隊　名	活　動　内　容	活動資機材
第1班	6	第13班	小型ポンプ隊①	○○A横の防火水槽に水利部署する。 要救助者へも対応する。	①小型ポンプ：5台 　　　　　　（車庫） ②ホース：あるだけ 　　　　　　（車庫） ③二又分岐金具5個 　　　　　　（車庫） ④媒介金具3個（車庫） ⑤筒先4本　　（車庫） ⑥とび口4本　（車庫） ⑦吸管3本　　（車庫） ⑧枕木3個　　（車庫） ⑨担架　あるだけ 　（主訓練塔利用） ⑩毛布（主訓練塔利用） ⑪竹の棒　　　（車庫） ⑫椅子（倉庫）2個 ⑬操法ゼッケン 　指：隊長
第2班	6	第12班	小型ポンプ隊②	○○Bの防火水槽に水利部署する。 要救助者へも対応する。	
第3班	6	第11班	小型ポンプ隊③	○○C前の防火水槽に水利部署する。 ○○D前のポンプ隊へ中継する。 要救助者へも対応する。	
第4班	6	第10班	小型ポンプ隊④	○○D前付近に水利部署する。 小型ポンプ隊③から中継してもらう。 要救助者へも対応する。	
第5班	6	第9班	負傷者搬送班①	建物火災による負傷者救出	
第6班	6	第8班	負傷者搬送班②	建物周辺の負傷者救出	
第7班	6	第1班	要救助者（軽症）	要救助者は、動ける。歩ける。かすり傷。	緑ビブス
第8班	6	第2班	要救助者（中等症）	要救助者は、動けるが、どこかをけがしている。	黄ビブス
第9班	6	第3班	要救助者（重症）	要救助者は、動けない。しゃべれない。意識なし。	赤ビブス
第10班	6	第4班	要救助者（重症）	要救助者は、動けない。しゃべれない。意識なし。	赤ビブス
第11班	6	第5班	安全管理者	それぞれの活動場所で安全管理をする。	黄ベスト
第12班	6	第6班	安全管理者	それぞれの活動場所で安全管理をする。	黄ベスト
第13班	7	第7班	検証員	指定した場所で検証をする。	赤メッシュベスト

小型ポンプ隊は、隊長1（指揮者ゼッケン）、機関員（4番ゼッケン）1、その他は団員とする。

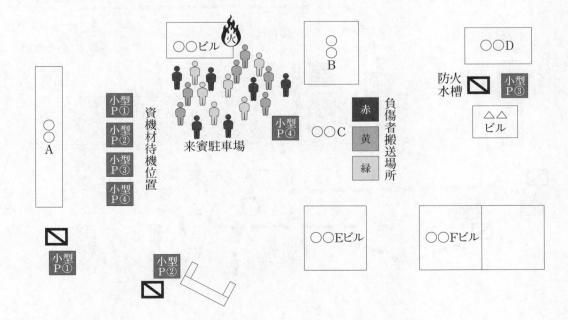

図4-2　総合想定訓練例

訓練想定		熊福市大宮鹿町長佐沖KFAビル及びその周辺で大地震が発生した。 KFAビルA棟1階で火災が発生し、2階への延焼とB棟へも延焼危険あり。 建物周辺には多数の負傷者がいる模様。 同時に交通事故が発生し、多数の負傷者がいる模様。		
1回目	2回目	隊　名	活　動　内　容	活動資機材
第1班	第12班	小型ポンプ隊①	車庫横の防火水槽に部署し、KFAビルA棟1階の延焼阻止 建物周辺の要救助者へも対応する。	①小型ポンプ：5台 ②ホース：あるだけ ③二又分岐金具5個 ④媒介金具3個 ⑤筒先4本 ⑥とび口4本 ⑦吸管3本 ⑧枕木3個 ⑨担架　あるだけ ⑩毛布（主訓練塔） ⑪竹の棒（車庫） ⑫操法ゼッケン ⑬赤トラ、BD-1
第2班	第11班	小型ポンプ隊②	放水壁横の防火水槽に部署し、KFAビルA棟2階への延焼阻止 建物周辺の要救助者へも対応する。	
第3班	第10班	小型ポンプ隊③	屋内訓練場前の防火水槽に部署し、負傷者搬送場所前のポンプ隊へ中継 中継後は、建物周辺の要救助者へも対応する。	
第4班	第9班	小型ポンプ隊④	負傷者搬送場所前付近に水利部署し、小型ポンプ隊③から中継 KFAビルB棟への延焼防止	
第5班	第8班	負傷者搬送班①	建物周辺の負傷者救出	
第6班	第7班	負傷者搬送班②	交通事故対応	
第7班	第1班	要救助者（軽症）	要救助者は、動ける。歩ける。かすり傷。	緑ビブス
第8班	第2班	要救助者（中等症）	要救助者は、動けるが、どこかをけがしている。	黄ビブス
第9班	第3班	要救助者（重症）	要救助者は、動けない。しゃべれない。意識なし。	赤ビブス
第10班	第4班	要救助者（重症）	要救助者は、動けない。しゃべれない。意識なし。	赤ビブス
第11班	第5班	安全管理者	それぞれの活動場所で安全管理をする。	黄ベスト
第12班	第6班	検証員	指定した場所で検証をする。	赤メッシュベスト

小型ポンプ隊は、隊長1（指揮者ゼッケン）、機関員（4番ゼッケン）1、その他は団員とする。

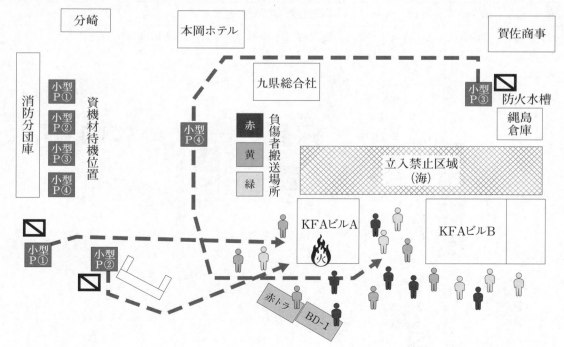

第5編　救助機材

第1章　概　論

　阪神・淡路大震災において、多くの負傷者を倒壊家屋等から思うように救出活動ができなかったことを教訓に、消防団の装備にあっても救助資器材を積載することができることとなった。平成23年の東日本大震災等の経験や首都直下地震や南海トラフ巨大地震等の発生が予測されていることに鑑み、消防団を中核とした地域防災力の充実強化を図ることにより住民の安全の確保に資することを目的とした、「消防団を中核とした地域防災力の充実強化に関する法律」が平成25年12月13日に公布された。この法律の第14条、第15条により国・都道府県及び市町村等は消防団の装備の改善等が義務化された。これに伴い「消防団の装備の基準（昭和63年消防庁告示）」が制定以来26年ぶりに一新された。消防団の装備の基準第9条には、分団等ごとに必要と認められる数の救急救助用器具、避難誘導用器具、夜間活動用器具及び啓発活動用器具を配備することとされた。救急救助用器具は、担架、応急処置用セット、自動体外式除細動器、油圧切断機、エンジンカッター、チェーンソー、油圧ジャッキ、可搬ウインチその他救急救助のために必要と認められる器具、避難誘導用器具は、警戒用ロープ、拡声器その他住民の避難誘導のために必要と認められる器具、夜間活動用器具は、投光器、発電機、燃料携行缶その他夜間における活動のために必要と認められる器具、啓発活動用器具は、応急

手当訓練用器具、訓練用消火器、その他啓発活動に必要と認められる器具などを整備し、チェーンソー、油圧ジャッキ、可搬ウインチ、警戒用ロープ、拡声器、投光器、発電機及び燃料携行缶は、分団等に属する消防隊の数に応じて複数配備することとされ、これを有効に活用するための指導者等の教育研修も義務化されたところである。その救助機材の中で、現場活動において使用上、安全管理に重視する必要があるものを取り上げた。

第1節　資機材活用時における留意事項

　災害現場における活動時の使用資機材によって救助方法や使用目的が異なる。①ドアの開放、破壊に際しては、「手動式油圧カッター」、「ストライカー」を、②物体の拡張に際しては、「手動式油圧カッター」を、③物体の切断に際しては、「エンジンカッター」、「チェーンソー」を活用し、救助機材の用途によって使い分けすることが望ましい。

　災害現場での活動にあっては、二次災害を防止するため、消防団員の活動時における安全装備は、ヘルメット、安全ゴーグル、作業着、革製手袋、防火衣、安全靴などを着用して活動することが重要である。また、災害現場では、次の点に留意して安全管理に努める必要がある。

◇活動スペースを確保し、足場の悪い場所、狭い場所では十分に注意する。

◇ガラスを破壊する場合は、テープ等により飛散防止する。

◇落下物や崩壊物などによる下敷きが予測される場合は、立入り禁止区域の設定、落下物の固定を行い、監視員を配置する。

◇感電事故が予測される場合は、専門業者に依頼し、安全を確保する。

◇危険物の流出、可燃性ガスの漏えいなどがある場合、現場では、流出の停止措置、ガスの遮断、希釈、電気の遮断、消火手段の確保、火気の制限などの必要な措置を講じ警戒区域を設定する。

◇一般人や関係者などの危険が予測される場合は、安全な場所に誘導する。

◇要救助者の傷部位の悪化防止や苦痛の軽減、破壊活動中では要救助者が受傷する危険性が伴うときは、破壊場所からできる限り離れさせ、要救助者の保護などの措置を講じる。

◇要救助者の観察活動と並行して傷口や顔面を汚れた手袋などで触れないようにし、感染防止に配慮する。

◇団員の安全が確保できない場合は、無理に救助活動をしない。

◇資機材の使用日時など記録簿を作成し、維持管理する。

第2節　主な救助機材の概要

1　ストライカー

ストライカーとは、通称「打工具」とも呼ばれる手動式の破壊器具で、携帯用コンクリート破壊器具、大型万能ハンマーのことである。重機が入れないような狭い場所など一人で操作することができる手動式破壊器具である。先端の鋼鉄製の工具（5種類）の刃先を交換することにより、コンクリート・ブロック・レンガ・かんぬき・錠前・留め金等の破壊、自動車や建物の扉・窓のこじ開け、板金の切断など、目的に応じた破壊救助作業が行えるもので、外部のパワーは必要としない。ツールにハンドポンプが付属している。軽量・ポータブルでバイクに積載でき、カッター・スプレッダー兼用のコンビツールで、自動油圧調整機能が付いており、負荷がかかると高圧で、負荷がなくなれば低圧でスムーズな動きをする。

【安全管理上の注意点】

◇衝撃で破片などが飛散するおそれがあるので、作業を始める際には、要救助者に対して十分な保護を行い操作する。

◇ハンドル部分に油分が付着していると滑りやすくなり、顔面や体を打つ危険性があるので十分注意して操作する。

◇ストライカーが対象物に対して常に直角になっていないと角度が変わり先端部分が滑って大変危険なので十分注意して操作する。

◇製造したメーカーの諸元等を把握し、メンテナンス等は取扱説明書に従い適正に管理する。

2　手動式油圧カッター

手動式油圧カッターとは、油圧により先端部分のブレードアームを開閉することによって、金属などを切断又は拡張し、障害物に閉じ込められている要救助者を救助するための間隙を作る資機材である。救助活動の中で、手動式油圧カッターの使用目的として想定されるのは、車両などのドアヒンジ、ドア及びピラー等の拡張・切断、鉄筋や鉄パイプの切断、シャッターやブロック等の倒壊物に隙間を作る際の道具である。

スプレッダーとカッターを主として、先端部のつぶし機能を兼用するポータブルで強力な機材で、油圧ポンプ内蔵型手動式（ハンドポンプ方式）救助器具なので、扱いやすいダブルハンドル方式（一対のアームでポンピング加圧する方式）となっている。

また、油圧シリンダーと2〜5mのホースを接続し、手動式ユニットの油圧ポートパワーにより団員2人で操作する機種もある（写真参照）。

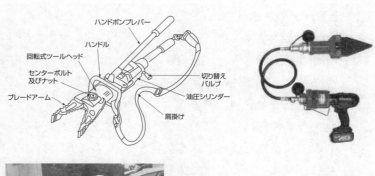

【安全管理上の注意点】
◇肩掛けベルトを肩に掛け、破片の飛散などから目を保護するためのゴーグルを装着する。
◇ハンドルポンプレバーが最も作業しやすい位置になるように回転ツールヘッドを回転させて調整する。
◇無理な姿勢での作業をすると事故やけが等を負うので、正しい持ち方で操作する。
◇テンションの掛かっているワイヤーロープなどは、切断された時に思わぬ方向に引っ張られて作業者や周囲の人に危険が及ぶ可能性があるため、指差呼称し操作範囲を明確にして取り扱う。
◇予期せぬ破損や破片の飛散があるので、毛布等で要救助者を傷つけないよう保護措置を行ってから作業を開始する。
◇ブレーキペダルの支柱部分のように焼き入れなどの硬化処理されたものは切断しない。
◇電気及びガスなど高圧の気体・液体が流れているケーブル・パイプなどの切断には使用しない。
◇先端のブレートアーム金属部分が他の金属に接触すると火花が発生することもあり、爆発の可能性が考えられる場所では使用しない。
◇製造したメーカーの諸元等を把握し、メンテナンス等は取扱説明書に従い適正に管理する。

3 エンジンカッター

エンジンカッターとは、「万能切断機」とも呼ばれるほど、消防活動における破壊作業に活用される資機材である。

ガソリンエンジンにより切断刃を高速回転させ切断する。切断刃を交換することにより、様々な物の切断が可能となる。作業を開始する前には、研削ブレードと保護カバーを視認し、ゆるみ、がたつき、磨耗状態を確認して操作する。チョークボタンを全閉にし、スイッチを入れスロットルを固定し、減圧装置付き機種は、デコンプ装置を押して、左手で前ハンドルを押さえ、右手でスターターハンドルを3回程度軽く引き、エンジンが始動したらチョークボタンを全開にする。切断作業時は、排気の色、エンジン音、加速性を確認しながら操作する。

【安全管理上の注意点】

◇切断する対象物の材質に合わせた研削ブレードを使用する。

◇切断作業を行う場合、対象物の材質によっては火花や破片が発生するので、不燃性の活動服や防火衣を着用し、防塵メガネを着装するなど安全管理に努める。

◇切断作業の際には、左手で前ハンドル、右手で後ろハンドルを握り、しっかりと操作できる状態を作ったら、研削ブレードが対象物に直角に当たるように持ち、エンジン回転を上げる。

◇要救助者に危険が及ばぬように、毛布等で要救助者を傷つけないよう保護措置を行ってから作業を開始する。

◇周囲に可燃物や油漏れがないかを確認してから作業を開始する。

◇研削ブレードが割れて飛散するおそれがあるため、切断時には十分に注意を払って作業する。

◇水を被った金属用及び非金属用研削ブレードは、使用後に廃棄し再使用しない。

◇研削ブレードに異常な磨耗や損傷があるときは、廃棄する。

◇製造したメーカーの諸元等を把握し、メンテナンス等は取扱説明書に従い適正に管理する。

4　チェーンソー

　チェーンソーとは、エンジンによって回転するチェーン状の歯で樹木や木材を切断する資機材である。チェーンソーは一般にも普及しているが、救工車に積載されるものは、消防・救助用に開発されたもので、特殊チェーンの採用により金属やプラスチックなど複合物をも切断することが可能である。

　基本的な操作は、ブレーキハンドルが前方に倒れていることを確認し、ストップボタンを「ON」にする。前ハンドルを手で押さえ、後部ハンドルに足のつま先を入れ、スターターハンドルを力強く引いてエンジンを始動させる。エンジンの回転が安定したら、ブレーキハンドルを手前に引きブレーキを解除する。スロットルレバーを握りエンジンの回転を上げるとチェーンが回転し、チェーンオイルが正常に吐き出るのを確認しながら操作する。

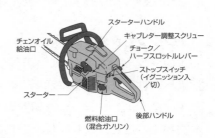

【安全管理上の注意点】

◇スロットルレバーを握り回転を高速にし、対象物に切断刃をできるだけ直角に当てて、切断する。

◇対象物をできるだけ歯の根元で切るようにすると安全で安定した切断ができる。

◇対象物と接触するチェーンの位置や方向が間違っているとチェーンソー自体が上に跳ね上がるキックバックという現象が起こることがあるので、正しい姿勢でチェーンソーをしっかりと保持して操作する。

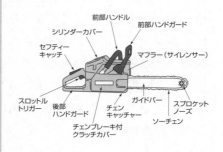

◇切断が進んでいくと、対象物が加重により切断部分を中心に下がってくるため、刃が対象物に挟み込まれて負荷がかかる。そのため、チェーンソーの制御が困難となりキックバック現象が起きるので、上部から1/3ほど切った後で下からも切断する。

◇切断作業は必ず肩の高さより低い対象物に対して行い、刃が鋭利なため、停止時にも刃の取扱いには十分に注意する。

◇操作時には、手袋、ゴーグル、ヘルメットを着装するなど安全管理に努める。

◇切断時には破片などが飛散するので、要救助者を傷つけないよう毛布等で保護措置を行ってから作業を開始する。

◇周囲の状況に十分注意し、不用意に振り回さないよう操作する。

◇製造したメーカーの諸元等を把握し、メンテナンス等は取扱説明書に従い適正に管理する。

第3節 主な救急機材の概要

消防団車両に積載する担架、応急処置用セット、自動体外式除細動器（AED）にあっては、第6編救急で詳細を述べる。

第6編　救　急

第1章　救急業務のはじまり

1　救急業務の開始

　世界で最初に行われた救急業務は、1881年にウィーンのリングテアトル劇場の火災を契機として行われたオーストリアの救護協会の救急業務であるといわれている。

　我が国では、日本赤十字社大阪支部が昭和6年10月に開始したのが最初であり、消防機関では、昭和8年3月に神奈川県警察部が、一篤志家から寄贈を受けた乗用車を救急車に改造して、管下の横浜市中区山下町消防署に配置し、救急業務を開始したのがその始まりであるといわれている。

　ついで、昭和9年7月には愛知県警察部が救急自動車を購入して中消防署に配置し、昭和11年1月には警視庁消防部が6台の救急車の寄贈を受けて東京市内の消防署に配置、以来京都をはじめ各都市の消防署にも救急自動車が配置されて救急業務が逐次開始された。

　いずれも交通事故の増大により業務が推進されたものである。

2　救急業務の法制化

　消防組織法施行（昭和23年3月7日）以前までは、警察機構の一部とされていた消防も、警察から分離独立して市町村が担当する新しい自治体消防として発足することとなった。

　戦後、経済成長が順調に進むにつれて、急激に増加する交通事故をはじめ消防の対象とする各種災害による傷病者対策として、救急業務を実施する都市も大都市はもとより大都市周辺都市、地方の中核都市と次第に拡大していき、消防法による救急業務の法制化が行われた昭和38年には全国214市町が救急業務を実施した。

　昭和38年4月15日、消防法の一部改正が行われ、政令で指定する市町村は救急業務を実施しなければならないと義務化された。平成21年5月1日の消防法改正により、消防の任務として、傷病者を適切に搬送することが明確化された。

3　救急隊員・救急救命士

　令和4年4月現在、救急救命士の資格を有する消防職員は4万2,495人配置されており、高度医療の処置ができる高規格救急車は全国で全救急車6,549台中、6,436台が配置され救急医療体制の確立を図っている。

　また、離島や高速道路での重症患者を高度医療機関へ緊急搬送するため、ヘリコプターによる救急業務実施体制の整備が進められている。

　さらに、昭和53年の消防法施行令の一部改正により、救急隊員の編成に当たっては、自治省令で定める救急隊員として資格を有するものの中からこれに充てなければならないと制定された。

　救急隊員の編成に当たっては、省令で定める救急隊員としての資格（消防学校等で指定された教育を受けた者）を有する者の中から救急業務に従事させることが制定された。救急隊員の行う応急処置等については、「傷病者が医師の管理下に置かれるまでの間において、緊急やむを得ないものとして、応急手当を含む」こととしての応急処置の法的根拠が昭和61年に法改正された。

　救急業務の処置の範囲が大幅に拡大されてきたことにより、救急出動件数は平成16年に500万件を超えてからも一貫して増加傾向が続き、平成27年には600万件を超えた。救急車による搬送人員は、1年間（令和3年中）で549万1,744人にのぼっている。

　平成3年4月、「救急救命士法」が制定され、「救急隊員の行う応急処置の基準〔現行＝救急隊員及

ヘリコプターによる救急搬送

高規格救急自動車

び准救急隊員の行う応急処置等の基準]」が改正された。さらに、救急救命士の処置範囲については、除細動は医師の包括的指示の下で平成15年4月から、気管挿管は平成16年7月から、薬剤投与は平成18年4月から、心肺機能停止前の重度傷病者に対する静脈路確保及び輸液、血糖測定並びに低血糖発作症例へのブドウ糖溶液の投与は平成26年4月から認められた。

4　医療従事者以外の自動体外式除細動器（AED）の使用

　心臓突然死の原因である心室細動に対する救命処置で最も有効であると言われているのが自動体外式除細動器（以下「AED」という。）による除細動（電気ショック）であり、ヨーロッパやアメリカで心臓突然死の減少を目的として、鉄道の駅や民間航空機等に設置したり、心臓の不整脈が原因で心肺停止となる可能性が高い危険因子を有する患者の家庭に設置したのがはじまりであった。

　日本でも医師のほか、救急救命士が実施してきたが、平成15年11月から厚生労働省により「非医療従事者による自動体外式除細動器（AED）の使用のあり方検討会」が開催され、平成16年7月に、AEDの使用が可能との方針が示された。その後日本においても、駅、空港、宿泊施設などの公共施設を中心にAEDの設置が急速に進み、一般市民による除細動の件数が増加している。

第2章　救急業務の意義

1　救急業務の対象と範囲

救急業務は、消防法第2条第9項によって定義されており、救急業務の搬送対象となる傷病者は、次の対象者である。

① 災害により生じた事故

② 屋外又は公衆の出入する場所において生じた事故

③ 傷病者を医療機関その他の場所へ緊急に搬送する必要があるもの。

2　応急処置とは

各種の災害、事故、急病による傷病者を医療機関などへ緊急に搬送するとともに、必要に応じ傷病者に対し的確な処置を施すことである。

適切な応急処置によって数多くの救急患者の生命が救われ、症状の悪化が防がれていることから、この応急処置は救急隊員のみならず、広く国民に普及しなければならないものである。特に消防団員にあっては大規模災害時等では、救急知識と応急処置の初歩的な技術を確保することは必須の要件でもある。

3　救命の連鎖

急変した傷病者を救命し、社会復帰をさせるために必要となる一連の行動と処置を「救命の連鎖」（図6－1参照）という。

「救命の連鎖」は、構成されている四つの輪が正しく素早くつながることで救命効果を発揮する。最初の輪は「心停止の予防」で、二つめの輪は「心停止の早期認識と通報」であり、三つめの輪は「一次救命処置（心肺蘇生とAED）」である。最後の輪は救急救命士や医師による高度な救命医療を意味する「二次救命処置と心拍再開後の集中治療」となる。

「救命の連鎖」における最初の三つの輪は、救急現場にいる消防団員及び現場に居合わせた市民（バイスタンダー）によって行われることが期待されている。消防団員及び市民はこれらの輪を支える重要な役割を担うことになる。

図6－1　救命の連鎖

心停止の予防　　　早期認識と通報　　　一次救命処置　　　二次救命処置と
　　　　　　　　　　　　　　　　　　（心肺蘇生とAED）　　集中治療

(1)　心停止の予防

子どもの心停止の主な原因はけが（外傷）、溺水、窒息などがある。いずれも予防が可能であり、未然に防ぐことが何よりも大事である。

成人の突然死の原因は急性心筋梗塞や脳卒中がある。これらは生活習慣病ともいわれ、がんとともに日本人の主な死因である。

「救命の連鎖」における「心停止の予防」とは、急性心筋梗塞や脳卒中の初期症状に気がついて救急車を要請することである。これにより、心停止になる前に医療機関で治療を開始することが可能になる。

⑵　心停止の早期認識と通報

　　突然倒れた人や、反応のない人を見たら、直ちに心停止を疑うことが大切である。反応の有無の判断に迷った場合でも勇気を出して大声で叫んで応援を呼び、119番通報を行い、AEDや救急隊が少しでも早く到着するように心掛ける。処置が分からないときは、119番通報の際に心肺蘇生などの指導を受けることができる。

⑶　一次救命処置（心肺蘇生とAED）

　　心臓が止まると約10秒で意識がなくなり、そのままの状態が続くと脳の回復は難しくなる。

　　心肺蘇生は胸骨圧迫と人工呼吸を組み合わせることが原則であるが、救命講習を受けていなければ胸骨圧迫だけでも実施することが推奨されている。よって、消防団員は、効果的な胸骨圧迫と人工呼吸を行うために、平素から救命講習を受けておくことが大切である。

第 3 章　トリアージと消防団

　大規模災害（地震災害、電車・航空機・自動車事故など）発生時、災害現場は、傷病者が同時多発し、救助・救護活動する消防力・医療力が通常の災害より圧倒的に劣勢となる。

　最大多数の傷病者に最善の救護・医療を実施するため、傷病者の緊急度・重症度を適正かつ迅速に評価し、救出、救護、現場での医療処置、医療機関への搬送などの優先順位を決定する。

1　トリアージによる区分

　大規模災害時の負傷者に対して、生命の危機に瀕した傷病者を救命・社会復帰を図るため、緊急度・重症度に応じて、トリアージにより区分する。

優先順位	分　類	識別色	症状の状態など
第 1	緊急治療群 （重症群）	赤	生命を救うため、直ちに処置を必要とするもの。窒息、多量の出血、ショックの危険のあるもの。
第 2	待機的治療群 （中等症群）	黄	ア　多少治療の時間が遅れても、生命に危険がないもの。 イ　基本的には、バイタルサインが安定しているもの
第 3	保留群 （軽症）	緑	上記以外の軽易な傷病で、ほとんど専門医の治療を必要としないもの。
第 4	救命困難群 （死亡）	黒	既に死亡しているもの又は明らかに即死状態であり、心肺蘇生を施しても蘇生可能性のないもの。

2　トリアージ方法

　突然の災害で発生した圧倒的多数の傷病者に対応するため、特別な医療器具を用いず、歩行可能か否か・呼吸・循環（脈拍）・意識のみで簡便に判定するSTART法により行う。

(1)　START法によるトリアージとは

　列車事故や地震災害などにおける大規模な災害等で、多数の傷病者に対して少数の救援隊が、短時間にトリアージする方法として災害現場で行う行為をいう。

　まず、歩行可能な人をトリアージ緑として安全な場所に誘導する。

　歩行不可能な傷病者を呼吸、循環、神経学的状態で評価する。

⬇

呼吸があって30回以上又は10回未満で赤

呼吸がなければ、異物除去や気道確保を実施して呼吸再開で赤、呼吸なしで黒。

呼吸回数が10〜30回で循環の評価に移る。

⬇

循環の評価では、橈骨動脈触知で判断する。

触知不能、120回以上で赤

触知可能、120回未満で神経学的状態に移る。

⬇

神経学的状態の評価では、簡単な命令に応じるか否かで判断する。

応じなければ赤、応じれば黄。

「目を開けてください」、「手を握ってください」などで聞く。

(2)　トリアージタッグ

　トリアージタッグは、START法により、傷病者のトリアージ区分を評価した結果を表示する識別票で、傷病者の身体に装着する。

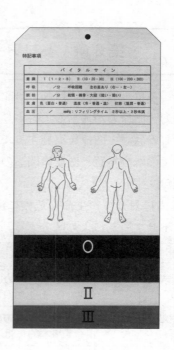

3　消防団の活動時においての留意点

(1)　トリアージは、大規模災害時の災害現場でDMAT（災害医療専門チーム）・医師・看護師・救急救命士（救急隊員含む。）が実施するものであり、消防団は行うことができない。

(2)　消防団は、大規模災害現場でトリアージが実施された傷病者を搬送する場合、トリアージタッグに表示されている赤タッグ、黄色タッグ、緑タッグの順位に救護所などの指示された場所に搬送する。なお、黒タッグの搬送は現場の前(1)の人達の指示に従う。

(3)　大規模地震発生時の現場で多数の傷病者が発生し、前(1)の人達がその場にいない場合には、トリアージの考え方で緊急度・重症度のある人を優先に搬送する。

(4)　前(3)で判断した場合には、赤・黄色のガムテープなどを傷病者の衣服に貼り、適切な応急手当を施し、医療機関に搬送する。

第4章　消防団員が行う救急蘇生

1　救急蘇生法

　重篤な傷病者が発生した場合、その傷病者に対していかに早く救急蘇生法を行うかが、その傷病者の予後に大きく影響する。このことから、傷病者が発生した現場にいる消防団員及び市民は、救急車の到着をただ待つのではなく、医師や救急隊員が到着するまでの間、傷病者に対して適切な救急蘇生法を行うことが求められる。

　消防団員及び市民が行う救急蘇生法は、一次救命処置とファーストエイドによって構成されている。

　一次救命処置とは、傷病者を救命するために大切な①心肺蘇生、②AEDを用いた電気ショック、③異物で窒息を来した場合の気道異物除去の三つをいう。

　心肺蘇生とは、病気やけがにより突然に心停止（呼吸と心臓が停止した状態）、若しくはこれに近い状態になったときに、心臓マッサージのための胸骨圧迫及び人工呼吸を行うことをいう。

　ファーストエイドとは、心停止以外の一般的な傷病に対して、その悪化を回避することを目的として行われる諸手当をいう。

　図6－2は救急蘇生法を行う手順を示したもので、救急蘇生法を行うに当たっては、この手順を十分に理解しておく必要がある。

図6－2　救急蘇生法の手順

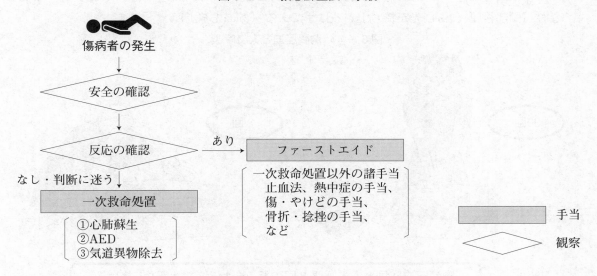

2　一次救命処置

(1)　胸骨圧迫

　消防団員が、目の前で人が倒れているのを発見した時に、まず、「大丈夫ですか」と声をかける勇気がなければ命は救えない。今、一番求められている理念は、声をかける「勇気」であり、命を助ける「情熱」である。

　心停止と判断した場合あるいはその判断に迷う場合、又は分からない場合は、まず、救助者は気道確保や人工呼吸よりも先に胸骨圧迫から心肺蘇生を開始する。その胸骨圧迫も質の高さを求めて、強く（約5cm）、速く（1分間に100～120回のテンポ）、しっかり戻し（胸骨圧迫解除時に元に戻す）、絶え間なく行い、中断時間はできるだけ最小とすること。

図6－3　胸骨圧迫の方法

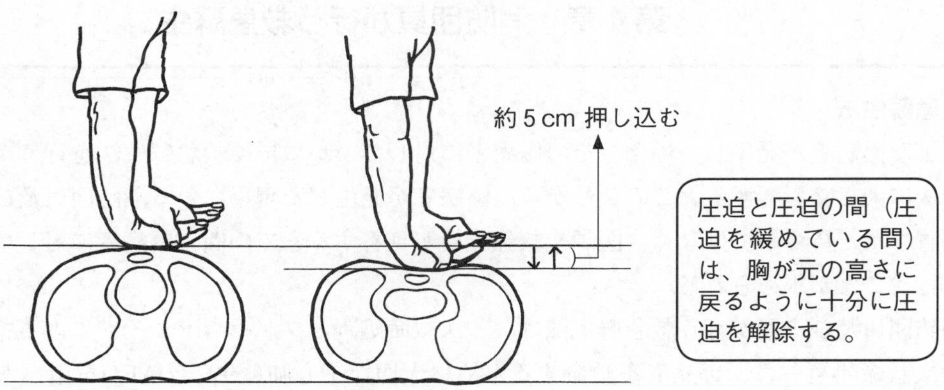

約5cm押し込む

圧迫と圧迫の間（圧迫を緩めている間）は、胸が元の高さに戻るように十分に圧迫を解除する。

(2) 人工呼吸

　胸骨圧迫を30回続けた後、人工呼吸の訓練を受けたことがあり、技術を習得している人は気道確保をして人工呼吸を2回行う。人工呼吸をためらう場合は、胸骨圧迫だけを行ってもよい。

① 気道確保

　片手で傷病者の額を押さえながら、もう一方の手の指先を傷病者のあごの先端、骨のある硬い部分にあてて持ち上げる。

　この気道を確保する方法を頭部後屈あご先挙上法といい、傷病者の顔がのけぞるような姿勢になり（頭部後屈）、あご先が持ち上がるはずである（あご先挙上）。

図6－4　胸骨圧迫と人工呼吸

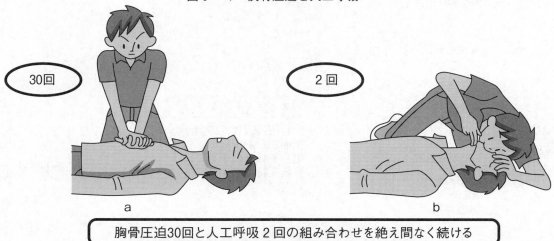

30回　2回

胸骨圧迫30回と人工呼吸2回の組み合わせを絶え間なく続ける

② 人工呼吸

　頭部後屈あご先挙上法で傷病者の気道を確保したまま、口を大きく開いて傷病者の口をおおって密着させ、額を押さえている方の手の親指と人差し指で傷病者の鼻をつまんで、息を吹き込む。

　息は傷病者の胸が上がるのを見て分かる程度の量を、約1秒間かけて吹き込む。

　吹き込んだら、いったん口を離し、傷病者の息が自然に出るのを待ち、もう一度、口で口をおおって息を吹き込む。

　このような人工呼吸の方法を「口対口人工呼吸（マウスツゥマウス）」と呼ぶ。

図6－5 口対口人工呼吸

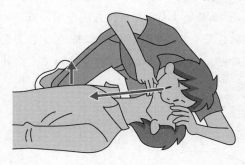

胸が上がるのが見えるまで約1秒間
かけて息を2回吹き込む

吹き込んだ息が自然に出るのを待つ

(3) 心肺蘇生はいつまで続けるのか

心肺蘇生中に救急隊が到着したときには、心肺蘇生を中止せず救急隊員の指示に従って心肺蘇生
を引き継ぐ。

(4) AED使用の手順

図6－6 AEDの使用手順

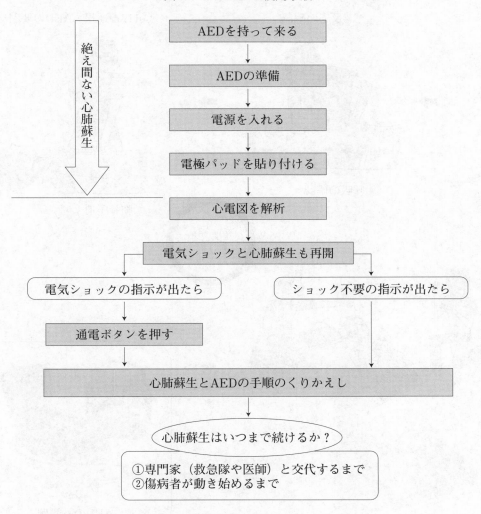

AEDは、日本語で「自動体外式除細動器」という。

電極のついたパッドを裸の胸の上に貼ると自動的に心臓の状態を判断し、もし心臓が細かくふる
えて血液を全身に送ることができないようであれば（心室細動）、電気ショックを与えて心臓を正

常に戻す機能を持っている。電源を入れると音声による指示が出る。

　小学校に上がる前の子どもには未就学児用電極パッドや未就学児用モードを用いるが、機器によっては未就学児用がついていないこともあるので、その場合は小学生～成人用を用いる。

　AEDは、音声メッセージ等で実施すべきことを指示してくれるので、それに従う。AEDを使用する場合も、AEDによる心電図解析や電気ショックなど、やむを得ない場合を除いて、心肺蘇生をできるだけ絶え間なく続けることが大切である。

　安全に使用するためには次の手順で行う。

図6－7　人が倒れていたら

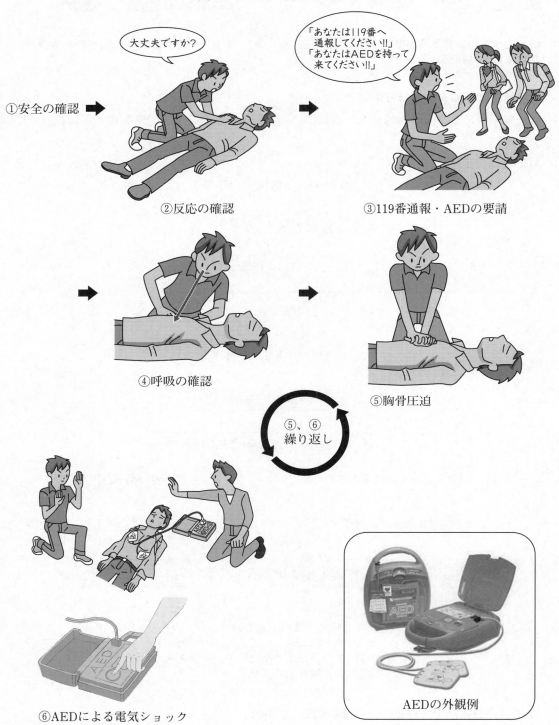

①安全の確認

大丈夫ですか？

②反応の確認

「あなたは119番へ通報してください!!」「あなたはAEDを持って来てください!!」

③119番通報・AEDの要請

④呼吸の確認

⑤胸骨圧迫

⑤、⑥繰り返し

⑥AEDによる電気ショック

AEDの外観例

① AEDを持って来る

　傷病者に反応がないと判断した場合やその判断に迷う場合は、だれかにAEDを持って来るように依頼する。他にだれもいない場合には、AEDが近くにあることが分かっていれば救助者自身が自分でAEDを取りに行く。

　AEDは人の目につきやすい場所に置かれている。写真に示すように、AEDのマークが目立つように貼られた専用のボックスの中に置かれている。

　AEDを取り出すためにボックスを開けると、警告ブザーが鳴る。ブザーは鳴りっぱなしにしたままでよいので、AEDをボックスから取り出したら、すぐに傷病者の元に戻る。

AED

> AEDを使用する傷病者は、「反応がない」、「普段どおりの呼吸がない」ことが確認されている傷病者である。

② AEDの準備

　心肺蘇生を行っている途中でAEDが届いたら、すぐにAEDを使う準備に移る。

　AEDを傷病者の頭の近くに置くと操作しやすくなる。

　救助者が一人だけの場合、AEDを使用するには心肺蘇生を中断せざるを得ない。傷病者の反応がないことを確認したら、直ちに119番通報をして、AEDが近くにあることが分かっていればAEDを取りに行く。

③ 電源を入れる

　AEDの電源を入れる。機種によって、電源ボタンを押すタイプと、ふたを開けると自動的に電源が入るタイプ（電源ボタンはない）とがある。

　電源を入れたら、以降は音声メッセージ等に従って操作する。

④ 電極パッドを貼り付ける

　傷病者の胸をはだける。胸をはだけるのが難しければ、ためらわずに衣服を切る。AEDのケースに入っている電極パッドを袋から取り出す。

　電極パッドの1枚を胸の右上、もう1枚を胸の左下側に直接貼り付ける。

　貼り付け位置は電極パッドや袋にイラストで描かれているので参考にすること。

⑤ 電気ショックと心肺蘇生の再開

1）電気ショックの指示が出たら

　AEDは心電図を自動的に解析し、電気ショックが必要である場合には、「ショックが必要です」などの音声メッセージとともに自動的に充電を開始する。周囲の人が傷病者の体に触れな

いように声をかけ、だれも触れていないことをもう一度確認する。

　充電が完了すると、連続音やショックボタンの点滅とともに電気ショックを行うように音声メッセージが流れる。

　これに従ってショックボタンを押し、電気ショックを行う。このときAEDから傷病者に強い電気が流れ、傷病者の体が一瞬ビクッと突っ張る。

　電気ショックのあとは、すぐに胸骨圧迫を行い心肺蘇生を再開する。「直ちに胸骨圧迫を開始してください」などの音声メッセージが流れるので、これに従う。

2)　ショック不要の指示が出たら

　AEDの音声メッセージが「ショックは不要です」などであった場合は、その後に続く音声メッセージに従って、直ちに胸骨圧迫を行い心肺蘇生を再開する。

⑥　心肺蘇生とAEDの手順のくりかえし

　心肺蘇生を再開して2分（胸骨圧迫30回と人工呼吸2回の組み合わせを5サイクルほど行う。）経ったら、AEDが自動的に心電図の解析を始める。音声メッセージに従って、傷病者から手を離す。周囲の人にも離れるよう声をかけ、離れていることを確認する。

　以後、約2分間おきに、心肺蘇生とAEDの手順をくりかえす。

⑦　心肺蘇生はいつまで続けるか

　救急隊（あるいは専門の救護者）と交代するまで、心肺蘇生とAEDの手順をくりかえす。

　傷病者に目的のある仕草が認められる、あるいは、普段どおりの呼吸をはじめて、心肺蘇生が中止できたとしても、いつ再び心臓が停止してAEDが必要になるかわからないので、AEDの電極パッドは傷病者の胸からはがさず、電源も入れたままにしておく。

⑧　特殊な状況

　電極パッドを肌に貼り付けるときには、気をつけなければいけないいくつかの特殊な状況がある。

1)　傷病者が濡れている場合は、乾いた布やタオルで胸を拭いてから、電極パッドを貼り付ける。

2)　胸に貼り薬があり、電極パッドを貼る際に邪魔になる場合は、それをはがして、肌に残った薬剤を拭き取ってから電極パッドを貼り付ける。

3)　皮膚の下に医療器具（心臓ペースメーカーや除細動器）が埋め込まれている場合は、胸に硬いこぶのような出っ張りが見える。電極パッドは、この出っ張りから離して貼り付ける。

4)　下着が邪魔をする場合は、下着をずらして正しい位置に電極パッドを貼り付ける。その際、できる限り人目にさらさないよう配慮する。

第5章　消防団が活用する応急担架及び搬送要領

大規模災害時には相当数のけが人が予測され、トリアージタッグが首などにかけられているので、現場の状況によっては、消防団の車両に積載している応急担架などを活用して救急車内に搬送する場合や、緊急を要する傷病者にあっては、消防団車両で搬送する場合もある。

1　応急担架の作り方

応急担架は、各種メーカーで販売されているが、消防団員は業種が多彩で、団員の中には大工職人などもいるので、大規模災害時等に備えて量販店にあるベニヤ板などで準備しておくとよい。

図6-8　コンクリートパネル（ベニヤ）を用いた担架

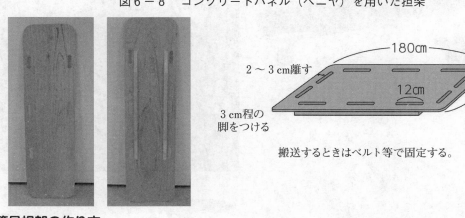

2　簡易担架の作り方

(1)　竹竿と毛布による担架

毛布の3分の1ほどのところに竹竿を置き、竹竿を包み込むように折り返し、けが人の肩幅に合わせて2本目の竹竿を置き、上の毛布を折り返した後、下の毛布を折り返すと完成する。

(2)　衣服を用いた応用担架

複数枚の上着を準備し、上着のボタンを掛けたまま、両側から竹竿を通す。

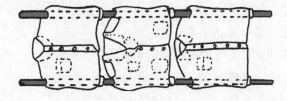

(3)　ロープを用いた応用担架

棒2本を平行に並べ、その1本の端にロープを結び、そのロープの端を他の棒の上から下に、下から上に、S字型に交互に巻いていき最後をくくっておく。

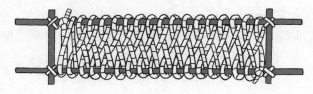

3　担架で運ぶ際の留意点

(1)　担架で人を持ち上げる際、腰を痛めないように、膝を折り曲げて低い姿勢から背筋を伸ばして持ち上げる。

(2)　担架を持ち上げる際に「取手を持て！→よし！」「立て！→よし！」と合図して「よし」の声で同時に立つなど配慮しながら、傷病者を担架から落とすことのないようにする。

(3)　搬送時には、後の担い手は、傷病者に声を掛けて勇気づける。

【消防団救助資器材の担架例】

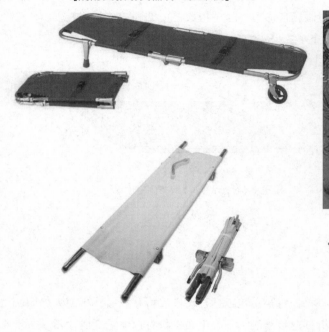

応急診察台として活用

4　搬送要領

(1)　搬送の際の原則

　　傷病者を搬送する前に、原則として必要な応急手当を行う。その後可能な手段で適切な搬送方法を選択する。搬送に当たっては、階級の上位者（隊長クラス）が常に傷病者の頭側に付き、進行方向の安全を目視で確認しながら、同時に傷病者の表情や呼吸状態などを観察して、容態の急変に備えるように心掛ける。

　　搬送時には、次の点に留意する。

①　傷病者が希望する体位で搬送する。

②　傷病者の動揺を最小限にして安静に搬送する。

③　傷病者の搬送は安全かつ確実に行う。

④　搬送中も必ず傷病者の容態について観察を継続する。

⑤　意識のある傷病者に対しては、搬送中も「痛いですか」「苦しくないですか」「元気を出して」などと適度に励ましの声を掛け、精神的に落ち着かせる。

(2)　搬送方法

①　担架搬送法

　　担架搬送は、毛布等で包み、傷病者を担架に固定し、常に水平に保ちながら、原則として足側から搬送する。

②　徒手搬送法

　　徒手搬送は、狭い通路や階段などで担架が使用できない場所における搬送や、事故現場などにおいて緊急に安全な場所に移動させるときに用いる。徒手搬送は慎重に行っても傷病者に与える影響が大きいことを認識し、徒手搬送での移動は必要最小限にする。徒手搬送を決断したときは、腰を負傷することがあるので十分注意し頑強で体力のある団員を選ぶこと。

　　徒手搬送には、次の方法がある。

図6－9　　1人搬送法

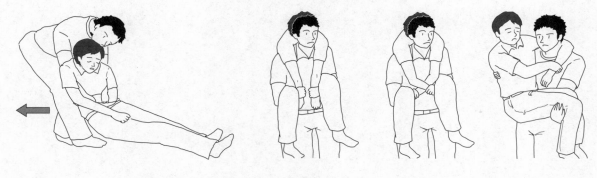

図6－10　　2人搬送法

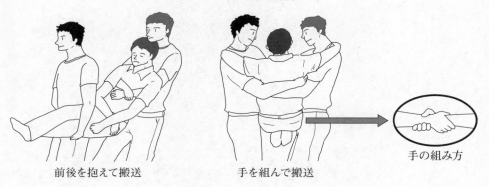

前後を抱えて搬送　　　　　　　　　手を組んで搬送　　　　　　　手の組み方

図6－11　　3人搬送法

第7編　安全管理

第1節　安全管理の意義

　消防団員はその任務を遂行するため、国民の生命、身体及び財産を災害から保護するという観点から、危険を顧みず災害現場等に出動し、人命救助や消防活動を実施する。

　消防活動を行う消防隊員は、常にその現場に対応（災害種別）する危険性を十分理解し、認識して行動しなければ、効果的な実績を期待することはできない。災害現場等の危険性を十分認識し、自らの安全確保に注意を払い事故防止に万全を期さなければならない。

　災害現場は、危険要素が数多くある環境下で消防活動を実施しなければならないし、危険性や状況変化は著しく、安全限界ぎりぎりの線を行動限界として活動している。

　ぎりぎりの線が具体的にどこなのか、その見極めが極めて困難であるため、指揮者も団員も常に安全に対する配慮と確認をしながら、任務を達成しなければならない。

　このように消防における安全管理とは、危険性を伴う任務の遂行を前提とした消防活動を実施するに当たり、事故の絶無を期するため、事故要因を合理的に除去するための一連の安全な活動を行う対策をいう。

　消防団活動においては、年間約1,000人もの死傷者（公務災害）があり、その中には尊い生命を奪われ災害活動の犠牲となったケースもある。

　「安全管理は、それ自体が目的ではなく、任務遂行と両立の関係にあり、さらには任務遂行を前提とする積極的行動対策である。」と定義づけられる。

　積極的行動対策とは、効率的で安全な活動を行うための幅広い創意工夫のある対策をいい、人命検索に援護注水体制をとって進入するとか、転落危険のある所では命綱を使用するとか、落下危険のある瓦を注水により事前に落として進入するなどは、安全を確保するための積極的行動対策であるともいえる。

　消防団員の災害事故のうち、約7割が演習訓練中に発生しており、特に、訓練を行うにあたっては、万全を期して技術の習得に努め、災害発生時に備えなければならない。

第2節　安全確保

　安全管理の重要性は前節のとおりであるが、災害は多種多様であり、しかも、発生時の気象条件、建物構造、地形等の状況により災害現場も、その危険度合いも千差万別である。安全管理の在り方にあっては、災害活動を実施する上で最も重要な事項であり、消防団員の事故防止をはかる観点から、安全確保に万全を期さなければならない。

1　警防活動時における安全管理

安全管理の基本
(1)　安全管理は、自己管理が基本であることをよく認識し、自らの安全は自ら確保する気構えを持って、いかなる場合も安全行動に徹しなければならない。
(2)　指導監督的立場にある職員は、常に隊員の行動の安全の確保に努めなければならない。
(3)　隊員は連絡を密にし、相互の安全の確保に努めなければならない。

事前対策
(1)　災害現場活動を的確に遂行するため、日ごろから厳正な規律及び健康の保持、気力、体力の練成に努める。
(2)　装備器材を安全に使用するため、使用方法に習熟しておく。

(3)　災害現場での安全行動を確保するため、警防調査を積極的に行い、警防活動の障害等の実態を把捉し、その周知徹底を図る。

(4)　上級指揮者は、現場活動時においては、気象・地理・消防力及び情報を基にして、大局的な判断と勇敢な部隊指示が行えるように努める。

(5)　災害現場活動における危険を回避するため、訓練時を通して日ごろから安全教育を行う。

(6)　災害現場活動を有効かつ安全に行うため、常に協同の精神を培う必要がある。

事後対策

(1)　使用後の装備資器材は、再出動に備え必ず事後点検を励行する。

(2)　災害現場活動終了後は、必ず当該活動について記録するとともに、安全管理面から検討を加え、以後の災害現場活動に活用する。

行動原則

◎　指揮者

(1)　指揮者は、旺盛な責任感と確固たる信念を持って、自隊を統率する。

(2)　指揮者は、常に隊員の技量・体力を把握しておくとともに、隊員の健康状態についても十分把握する。

(3)　指揮者は積極的に上級指揮者の指揮下に入り、自隊の行動指示を受けるとともに、状況を的確に把握して、自隊の行動の安全確保措置を速やかに決定し、その内容を明確に毅然として隊員に指示する。

(4)　指揮者は、他隊又は全体の行動を十分に把捉し、一体となった部隊活動を行うよう努める。

(5)　指揮者は、状況が急変した場合には、状況に応じて的確な判断を下し、速やかに隊員の安全確保のため、必要な指示を与える。

◎　隊員

(1)　隊員は、旺盛な士気により、常に任務を完遂する気概を保持する。

(2)　隊員は、指揮者の指示・命令を遵守する。

(3)　隊員は、常に災害現場における安全の確保に努めるとともに、相互の連絡を密にし、チームワークの保持に努める。

(4)　隊員は、状況が急変した場合等、指揮者の状況判断に必要な情報を直ちに報告する。

(5)　隊員は、自己の行動内容及びその結果について随時指揮者に報告する。

　　以上は、あらゆる消防の活動並びにこれらの基礎訓練時の安全管理の共通する基本的事項であるが、過去の消防隊員の公務による死傷者の約半数が火災その他の災害時であって、残りの半数は「演習訓練」や「警戒」「その他」であることには十分留意しなければならない（表7―1参照）。

第3節　安全確保の10則

1　安全管理は、任務遂行を前提とする積極的行動対策である。

2　災害現場は、常に危険性が潜在する。容易に慣れることなく危険に対する警戒心を緩めるな。

3　部隊及び隊員が指揮者の掌握から離脱することは、重大な事故につながる。独断的行動を慎み積極的に指揮者の掌握下に入れ。

4　危険に関する情報は、現場の全隊員に迅速に徹底せよ。危険を察知したものは、直ちに指揮本部に報告し、緊急の場合は周囲に知らせて危害を防止せよ。

5　興奮、狼狽は事故の土壌になる。どんな活動環境においても冷静さを失うな。

6　機械及び装備に対する知識の欠如は、事故を誘引する。各種資器材の機能、性能限界を明確に把握し、安全操作に習熟せよ。

7　安全確保の基本は、自己防衛である。自己の安全は、まず自身が確保せよ。

8　安全確保の第一歩は、防火着装に始まる。完全な着装を常に心がけよ。

9　安全確保の前提は、強靱な気力、体力にある。平素から激動に耐え得る気力と体調を持続せよ。

10　事故事例は、かけがえのない教訓である。内容を詳細に把握し、行動の指針として活かせ。

第4節　活動別安全管理

1　建物火災現場での活動上の安全管理

　火災発生の大半が建物火災であり、令和3年中は発生する火災全体の55.5%を占めている。建物火災における消防活動は現場活動をする上では基本となるものであり、このためにも、現場活動上発生が予測される隊員の事故及び過去の教訓を生かして具体的な安全管理に努める必要がある。

火災覚知から分団車庫

(1)　自宅で火災を覚知して、分団詰め所に向かって自宅を出るとき、慌てて玄関の石などの突起物につまずいたりする。

(2)　火災を覚知して、雨の降る中、バイクに乗って分団車庫に向かう途中、カーブでブレーキをかけたとき、路面が濡れていてスリップし、転倒したりする。

(3)　夜間に火災を知り、暗い中を自転車に乗って分団車庫に向かって走っていて、駐車場の鎖などの障害物に自転車ごとぶつけて転倒したりする。

(4)　台風で、夜間、自宅から軽トラックで分団車庫へ向かう途中、急いでいて車ごと川に流されたりする。

分団車庫内

(1)　消防器具庫内の壁に立て掛けていたトビ口の柄や金具部分で顔を打ったりする。

(2)　車庫内のスペースが少ないことや消防車の後退を誘導しているとき車に挟まれたりする。

消防車乗車時・乗車中

(1)　消防器具格納庫で、消防ポンプ車に乗車しようとして、床に油がこぼれていて滑って転倒したりする。

(2)　ホースを持って、消防ポンプ車の後部ステップへ駆け上がったりするとき、足元が見えず、ステップを踏み外して転倒したりする。

(3)　現場に向かっている消防車を呼び止め、急いで後部ステップに飛び乗ろうとして、ステップを踏み外して転落したりする。

(4)　消防車の最後尾のステップに立ち、手すり棒につかまって火災現場に向かうとき、手が滑って路上へ転落したりする。

(5)　夜間、飲酒しているにもかかわらず自家用車で消防車庫に向かい、事故を起こしたりする。

自家用車・バイクでの出動中

(1)　自家用車で火災現場に向かう途中、カーブでスピードを出し過ぎていて、ハンドルを切り損ない、ブロック塀や石垣、ガードレールなどに激突したりする。

(2)　冬場、積雪や凍結道路のとき火災現場に向かう途中、ハンドルをとられ、路肩に車ごと転落したりする。

(3)　雨の中、バイクで火災現場へ向かう途中、十字路などで減速したとき、路面が濡れていてスリップし転倒したりする。

(4)　バイクで火災現場に向かう途中、スピードを出し過ぎていて、交差点で他の車両との衝突を避けようと急ブレーキをかけたとき、スリップして転倒したりする。

(5)　バイクで火災現場に向かう途中、遠くの炎と煙を見ていて目の前の電柱に気付くのが遅れ、急ブレーキをかけたとき転倒したりする。

現場到着時

(1)　夜間、火災現場に到着し、暗くて足元が見えないまま、消防車から路上に飛び降りたりして、路面の突起物に着地し転倒したりする。

(2)　消防車の後部ステップからホースを持って降りようとして、足元が死角となり、ステップを踏み外し、路上に転倒したりする。

(3)　小型動力ポンプを積載車から降ろすとき、後ずさりして移動したりする際、側溝などに足を踏み外して転倒したりする。

(4)　消防警戒区域を設定するためロープを展張する際、手元だけを見ていて、足元に延長されていたホースなどに気付かず、つまずき転倒したりする。

吸水・水利部署

(1)　冬場の火災では、小型動力ポンプを水利部署するため、ポンプを持ち上げて運んでいるとき、路面が凍結していたりして足を滑らせ転倒したりする。

(2)　可搬式小型動力ポンプで河川から吸水するため、ポンプを持ち上げて法面を下っていた際など、急斜面で足を滑らせ転倒したりする。

(3)　吸管を投入するため川に飛び降りた際に、投げ捨てられている空き瓶・カンや石などの突起物で足を捻り転倒したりする。

(4)　U字溝の用水路脇に水利部署し、水量を確保するため水路にコンクリートブロックを投げ入れたりする際、勢いが余って用水路に転落したりする。

(5)　消火栓や防火水槽の鉄蓋を消火栓鍵などで持ち上げる際、消火栓鍵が鉄蓋からはずれ、足の上に落ちるなどしたりする。

(6)　消火栓や防火水槽の鉄蓋を手で開けようとして持ち上げたとき、手が滑り、鉄蓋で指を挟むことなどしたりする。

(7)　防火水槽の脇で吸管の操作をしていて、足元の水槽に気付かず、水槽に転落したりする。

機関運用

(1)　夜間の火災現場で、照明のため発動発電機のスターターのひもを勢いよく引いた際、近くにいた団員の顔に肘が当たったりする。

(2)　消防車両の後部荷台に足をかけたとき、荷台にオイルがこぼれていたりして、足が滑って転倒したりする。

ホース延長

(1)　ポンプ車後部からホースを降ろそうとステップに足をかけたとき、車が急に後退した際に転倒して轢かれたりする。

(2)　夜間の火災で足元が暗く、ポンプ車からホースを降ろして肩に抱え走り出したとき、地面の凹凸に気付かず足を取られ転倒したりする。

(3)　ホースカーを消防車からとりはずそうとしたとき、地面が濡れていた場合、足が滑り転倒したりする。

(4)　消防車両から1人でホースカーを降ろそうとして、ホースカーの取っ手を持って引いたとき、重くて持ちきれず、手を地面と取っ手に挟まれたりする。

(5)　夜間の火災で、ホースを担いで走っているとき、前だけを見ていて通水されているホースを踏んでつまずき、転倒したりする。

(6)　周りが暗い中で、ホースを担いで走っている際、用水路や川などの側溝があることに気付かず転落したりする。

(7)　ホースを担いで石垣を登ろうとした際、石が空積みだったので、崩れて転倒したりする。

(8)　冬場の火災で、路面が凍結しており、ホースを担いで走っている際、滑って転倒したりする。

(9)　ホースを担いで走っているとき、ガラスや竹の切り株など鋭利な突起物で足を踏み抜いたりする。

(10)　ホースを延長しようとホースを抱えあげたとき、巻ホースが緩んで、その弾みでホースの結合金具が頭部に当たったりする。

(11)　ホースを運んでいるとき、後方に注意せず後ろにいる団員と激しくぶつかり、転倒したりする。

(12)　延長されたホースの上を一般車両が通過した際、ホースが引きずられ、跳ね上がった筒先が身体に激突したりする。

(13)　火点のすぐ近くでホースを延長している際、強風であおられた火炎で顔をヤケドしたりする。

(14)　通水されたホースの折れ曲がりを直している際、ホースの水圧で指を挟まれたりする。

(15)　水路近くで、延長したホースの折れ曲がりを直している際、身体がよろめき水路へ転落したりする。

(16)　筒先部署で作業中、火元建物の2階からガラスの破片が落ちて、頭部に当たるなどする。

(17)　道路を延長中の未通水のホースに、通りかかった車両のタイヤが絡まり、ホースが強く引っぱられたりして、結合金具が飛んできて後頭部に激突したりする。

資機材搬送時

(1)　屋根上にいる隊員に筒先を渡すため、建物の窓格子を握って上ろうとした際、窓格子がはずれて転落したりする。

(2)　暗がりを投光器など消火資機材を取りに走って戻る途中、周りが見えなく道路の縁石などにつまずき、転倒したりする。

(3)　機材を取りに消防車へ戻る途中、やじ馬にぶつかり、転倒したりする。

(4)　冬場の火災現場では路面が凍結しており、器具搬送中に滑って転倒したりする。

(5)　資器材を持って火点に向かって走り、延長されている多数のホースを飛び越えた際、つまずいて転倒したりする。

障害物・燃焼物除去作業時

(1)　燃焼物である材木を搬出していて、積み上げた材木が崩れ落ちて、足に当たったりする。

(2)　冬場の火災で、燃焼物を除去しているとき、路面が凍結していて、滑って転倒したりする。

(3)　煙が充満している火元建物に進入しようとして、手で顔を覆い前かがみになって走った際、電柱などに激突したりする。

(4)　焼け材やトタンなどを除去しているとき、放水の水圧でガラスやカスガイなど鋭利な物が飛んできて当たったりする。

(5)　トビ口で屋根を押し上げていた際、屋根瓦がはずれて落ちて頭などに当たったりする。

(6)　トビ口で引き戸をはずすとき、手前に一気に引いた際、外れた引き戸が足などに当たったりする。

(7)　放水障害となるドアを手で開ける際、ドアのガラスが割れて破片が飛び散り、手や首などに当たったりする。

(8)　トビ口でトタンをはがすとき、めくれたトタンで手を切ったりする。

(9)　ガラス戸越しに、トビ口で天井板をはがそうと手を伸ばして、窓枠に残っていたガラスの破片で手を切ったりする。

(10)　建物内部に進入する際、入口の窓ガラスを割って取り除くとき、窓枠に残ったガラス片で手を切ったりする。

(11)　火元建物に隣接する厩舎から馬を避難させるため誘導した際、興奮した馬が暴れ、蹴られたり、犬小屋の側にいて犬に噛まれたりする。

破壊活動時

(1)　トタン屋根の上でトタン板をはがしていて、足を滑らせ転落したりする。

(2)　火元建物の2階の部屋の畳をはがそうとした際、突然、床が抜け、1階へ転落したりする。

(3)　トビ口でトタン壁をはがしている際、急に煙に巻かれ逃げるとき、あわてていて転落したりする。

(4)　トビ口でトタン外壁などを壊している際、上から瓦やトタン板などが落ちてきて、当たったりする。

(5)　火災建物の窓ガラスを角材で勢いよく割った際、ガラス片が飛び散って顔に当たったりする。

(6)　火元建物の窓ガラスを安易に素手で叩き割ったりして、ガラスで手を切ったりする。

(7)　屋根の銅板やトタン壁などをはがしている際、トタン板（銅板）で手を切ったりする。

(8)　はがしたトタン焼け材などに打ってあった釘などを踏み抜いたりする。

(9)　燃えている軒をトビ口で手前に引いたりする際、柱が折れ、焼けた軒と柱が倒れてきてヤケドをしたりする。

注水活動時

(1)　トビ口で窓ガラスを破壊しているとき、突然、窓から火炎が吹き出てきて、ヤケドをしたりする。

(2)　自動販売機など台上に乗って火点に対して注水している際、強い水圧のためよろめき、自販機から転落したりする。

(3)　注水箇所を見分けるため、塀から屋根に上がろうとしたときや、滑るので塀に降りようと足を伸ばしたとき、足を滑らせ路上に転落したりする。

(4)　車庫の屋根に上がって注水しているとき、足を滑らせて転落したりする。

(5)　注水しているとき、側溝があることに気付かず、足を踏み外して転倒したりする。

(6)　強い水圧に持ちこたえられず、よろめき、転倒したりする。

(7)　筒先を構えていたとき、急に高圧で送水されると筒先に振り回され、壁に激突したりする。

(8)　電気が通電しているところに注水すると、筒先に電気が走り感電したりする。

(9)　放水中、補助員が手を離したりすると、反動力で後ろに強く引かれ転倒したりする。

(10)　放水している際、補助員がホースのよじれを直すため手を離したりすると、送水圧で振られて筒先で打たれたりする。

(11)　他隊の注水により、はね飛ばされたガラス片や瓦が落下してきて当たったりする。

(12)　注水中よろめいて転倒し、筒先を離したりすると、水圧で筒先が振られ打たれたりする。

(13)　焼け材など、はがしたトタンに打ってある釘等を踏み抜いたりする。

(14)　風下での放水活動は有害な煙を多量に吸い込んだりする。

(15)　突然の熱風、火の粉など火炎と輻射熱でヤケドを負ったりする。

(16)　天ぷら鍋からの出火の際、消火器を放射するときは、油に直接かけると油が飛び散りヤケドをしたりする。

屋内進入時・人命検索時

(1)　建物進入時に内部の階段を上り下りする際、足を踏み外し、転落したりする。

(2)　2階の建物内部に進入した際、床を踏み抜いて階下へ転落したりする。

(3)　屋内進入の際、屋根瓦などが落ちてきて当たったりする。

(4)　ガラス戸をトビ口で叩き割ったりしたとき、戸を開ける際、ガラス片でケガをしたりする。

(5)　屋内進入のとき、飛散したガラス片を踏み靴底を通して足を切ったりする。

(6)　床から出ている釘を踏み抜き足を負傷したりする。

(7)　建物内で活動中、天井裏などから電線ビニールが炎熱で溶解して落ちてきてヤケドを負ったり

する。

⑻　建物屋内にいて、煙にまかれて、黒煙を吸い込んだりする。

⑼　吸水していた防火水槽のマンホールに足を踏み外し、転落したりする。

⑽　夜間の火災は暗がりで見えにくく、焼け材などで隠れて見えなかった排水溝や用水路などに足を踏み外し、転倒・転落したりする。

⑾　水路を飛び越えようとして、水路底へ転落したりする。

⑿　1階の屋根から2階ベランダを乗り越えるような場合、足を滑らせて転落したりする。

⒀　足元が水びたしの中では走ったりすると歩幅間隔がなく滑ったりし転倒したりする。

⒁　冬場の火災は、路面に氷結した雪と炎熱で融けた雪の段差に足を取られたり、転倒したりする。

⒂　夜間の火災では、暗がりで見えなかった地面の窪みに足を取られて、転倒したりする。

⒃　ホース沿いに走って火点に向かう途中、ホースを踏みつけて、足を取られ転倒したりする。

⒄　延長された空ホースの脇を走っていた際、通水された反動によりホースが大きく振れて、足をはらわれて転倒したりする。

⒅　注水部署を移動しようとする際、足元のホースを踏んで転倒したりする。

⒆　筒先の方向を変えようとする際、急に水圧が上昇しよろめいて転倒したりする。

⒇　消防車のドアを開ける際後方を確認しないと、活動中の団員が気付かず車両ドアにぶつかったりする。

㉑　焼け材の上を移動する際、焼け材に打ってあった釘を踏み抜きケガをしたりする。

梯子上・屋根上活動時

⑴　トタン屋根上活動では、トタン板が腐食していたりして屋根が破れ、転落したりする。

⑵　屋根上を移動したりする際、足を滑らせて転落したりする。

⑶　梯子上で窓などを破壊する際、建物の古木などにつかまって作業をすると、古木が折れて、梯子から転落したりする。

⑷　梯子上をホース延長する際、下からホースを引き上げるとき、梯子が傾き、転落したりする。

指揮・伝令時

⑴　指揮をとるため崖など危険な場所を通る際、つい足を滑らせ崖下へ転落したりする。

⑵　指揮するとき、暗がりを駆け足で走っている際、石や側溝など障害物につまずき、転倒したりする。

⑶　指揮する際、風下では、火炎や突然の熱風、輻射熱などでヤケドを負ったりする。

⑷　指揮の最前線では、有害な煙を多量に吸い込んだりする。

⑸　指揮者の指示を伝えるため、水路の脇など走る際、水路に足を踏み外して転落したりする。

⑹　走っていて、地面の窪みに足を取られ、ホースや障害物などにつまずき転倒したりする。

⑺　暗がりを急いで走る際、周りが見えず、コンクリート柱などに激突したりする。

残火処理

⑴　燃え残った建物内を歩く際、注意不足から床が抜けるなどして、転落したりする。

⑵　火災現場周りを見回り中、上方ばかり見ていて、地面の窪みや障害物に足を取られ転倒したりする。

⑶　火災現場に燃え残った機械類を持ち上げて、移動させる際不安定な持ち方で、物品が足に落ち、足を挟まれたりする。

⑷　トビ口でトタン壁をはがしたりする際、はがれ落ちたトタン板で負傷したりする。

⑸　屋内作業中の際は、突然、柱や屋根が崩れ落ちてきて、下敷きになったりする。

⑹　屋内の残火処理では、焼け材などに打ってあった釘を踏み抜いたりする。

収納・撤収時

(1) ホースを撤収していて、消火栓のマンホールや用水路に足を踏み外し転落したりする。

(2) 暗がりの中でホースを撤収する際、段差などに注意をしないと足を取られ転倒したりする。

(3) ホース撤収のため、迂回せずブロック塀などをよじ登り飛び越えたりする際、消火水で下草が濡れていて足が滑り、転倒したりする。

(4) 吸管が消火栓の放口から外れ、多量の水が噴き出したり、消火栓バルブを閉めようとする際、水圧でスタンドパイプが飛ばされて腕に当たったりする。

(5) 止水弁を閉めず吸管を撤収中、吸管が消火栓から外れてはね上がり、吸管金具が身体に当たり負傷したりする。

(6) 乾燥塔にホースを吊し上げる際、金具が引き上げロープに絡み付き、落下してきて頭に当たったりする。

(7) 防火水槽に補水するため、消火栓の蓋を開けたりする際、金具が外れ蓋を足に落としたりする。

2　林野火災現場での活動上の安全管理

　林野火災は、いったん、出火した場合はその延焼が広範にわたって燃え広がり延焼速度も速く大火災になることが多い。この火災は大量の消火水が必要となり、消火水の確保には困難な状況となることが多く、遠方からの中継送水が必要となり、劣悪な活動状況の中で長時間の消火活動による隊員の体力消耗が余儀なくされ、その活動を十分理解して安全管理に当たる必要がある。

水利部署時

(1) 可搬式ポンプを川に運び地面に降ろす際、笹竹の切り株などで手を刺したりする。

(2) 水利確保のため、川底の石を取り除く際、上部の石が崩れ落ちて手を挟んだりする。

機関運用時

(1) 可搬式ポンプによる中継高圧送水の際、放水口を急に閉めるとポンプが転倒してケガをしたりする。

(2) 中継高圧送水中、筒先を急激にシャットすると、ホースが破裂してケガをしたりする。

ホース延長時

(1) 下りの林の中でホースを担いで走ったりすると、勢いがつきすぎて転倒したりする。

(2) 有刺鉄線などが張られた雑木の中でのホースラインの修正や確保の際、鉄線や棚などが顔に当たったりする。

(3) 山の斜面を筒先やホースを持って登り降りをする際、足下が悪く、木の根などにつまずいて、転倒したりする。

資機材搬送時

(1) 茂った草木で足元が見えにくくて、U字側溝などに足を踏み外し、転倒したりする。

(2) 小型動力ポンプを持ち上げて、山の斜面を登り降りする際、足元が悪く滑って転倒するなどしたときに切り株などで大ケガをしたりする。

障害物除去時

(1) 落石を除去する際、石を持ち上げようとして手が滑り、足の上に石を落としたりする。

(2) 進入路を確保するため、鎌で草木を払う際、切った勢いで鎌が脚に当たり、脚を切ったりする。

防火線設定時

(1) スコップなどで防火帯を設定する際、小枝などで目を突いたりする。

注水時

(1) 山林の斜面では、窪地や石、木などにつまずいて、崖下へ転落したりする。

(2) 山林の斜面では、放水で地面が濡れている場合が多く、足を滑らせ、転落したりする。

⑶　山林の斜面にいた際、上から石などが転がり落ちてきて、当たったりする。

⑷　谷間から吹き上げてきた突風による火炎を避けきれず、ヤケドを負ったりする。

移動・転戦時

⑴　山の斜面で注水部署を移動しようとして、ホースを引くと重くて動かず、よろめいて転倒したりする。

⑵　後方確認をしないでポンプ車を移動したりすると、他のポンプ車に衝突したりする。

指揮・伝令時

⑴　山の急斜面で道をふさいでいた倒木を取り除く際に、足を滑らせ、転倒したりする。

⑵　いち早く伝達するため駆け足で山を下る際、足を踏み外し、転落したりする。

残火処理・収納時

⑴　斜面の上から下へ移動する際、上方にも注意しないと、山上から落石があり、頭部に当たったりする。

⑵　山中の小川に架けられた丸太橋を渡って行く際、足を踏み外したり滑らせたりして、転落したりする。

⑶　ホースを収納する際、竹や木の切り株を踏み抜いたりする。

3　風水害現場での活動上の安全管理

　広域的、かつ大規模な災害となって発生する台風や大雨災害においては、消防団員の活動が極めて期待されており、強風や豪雨などのような劣悪な環境下で防災活動に着手しなければならないわけであるから、過去に発生した事故の教訓を学び、万全な体制で安全管理に努める必要がある。

⑴　集中豪雨で増水した河の決壊防ぎょのため、河岸で組んだ筏を引いて渡河する際、水勢が強くて足元をすくわれて、流されたりする。

⑵　集中豪雨で、浸水した家屋に向かう際、土留めブロックの上を歩いたりするとき、足を滑らせ転落したりする。

⑶　台風で、海からの強い波で軽トラックが流されるなどして、電柱と車の間に挟まれる場合がある。

⑷　集中豪雨で、地域住民の避難誘導に向かう際、土砂崩れが発生して生き埋めになったりする。

⑸　集中豪雨で、地域住民の避難誘導に向かう際、橋が濁流により崩壊し、川に転落したりする。

⑹　豪雨による土砂崩れで、生き埋めになった人を団員、地域住民らで救助している際、再び大規模な土砂崩れにより、救助員が生き埋めになったりする。

⑺　豪雨により川に流された人を見つけ、川に飛び込んで救助しようとして、激しい渦に足をとられ、流されたりする。

⑻　台風で、強風に飛ばされてきたトタン板が当たったりする。

⑼　台風で増水した川の側で、警戒ロープを張る作業をしている際、川に転落したりする。

⑽　バイクに乗って河川を巡視しているとき、台風の強風雨によりハンドルをとられ、駐車中の車両などに激突したりする。

⑾　台風で、民家の屋根上に倒れた木をチェーンソーで切断する際、よろめいて屋根から転落したりする。

⑿　台風の強風により、背に強風を受けた際、前に押し飛ばされて転倒したりする。

⒀　台風の強風雨で大木が倒れ、電線に引っかかったりした際、除去作業をしているとき、突然その倒木が電線からはずれて倒れ、頭部に当たったりする。

⒁　台風で、道路上の倒木をチェーンソーで切断している際、脇で助手をしている団員を、突然作動したチェーンソーが触れ、切ったりする。

4　その他の活動上の安全管理

　特殊な災害現場や一般的な消防団活動にあっても、ちょっとした油断や注意力不足によっても事故

が発生し、思わぬ事態を招きかねない。日ごろから安全管理の重要性を認識して基本的な安全管理を習得しておく必要がある。

⑴　地下街のガス爆発現場で、一般客の避難誘導をしているとき、再度発生した大規模なガス爆発で、ヤケドを負ったりする。

⑵　火山噴火による土石流を警戒している際、突然発生した大規模な火砕流に飲み込まれ、激しいヤケドを負ったりする。

⑶　海難船舶の重油流出事故において、土のう袋に入れた重油を手渡し作業で搬出する際、重油のしぶきが目に入ったりする。

⑷　防波堤の上で、テトラポットに絡まったロープを外そうと強く引いた際、ロープが切れるなどして、転落したりする。

⑸　水難事故で川から子供を救助する際、石垣を伝って降りようとするときなどは、足を滑らせ、川へ転落したりする。

⑹　山菜採り行方不明者の捜索活動で、山の岩場を蔓につかまって降りたりする際、蔓が切れ、転落したりする。

⑺　山道では足元が悪く、浮き石などに足を取られやすくて、足を捻ったりする。

⑻　山の草木が生い茂る中を行動した際、かぶれやすい草木への接触により、発汗作用で皮膚に湿疹が出たりする。

⑼　分団詰所で情報連絡調整員で待機中、連絡が入り詰所の階段を急いで降りる際などに、足を滑らせ、転落したりする。

⑽　不審火の夜間警戒時、川沿いの道や狭い道路での車の方向転換の際、ハンドルを切り損ね、ぶつかったり川に転落したりする。

⑾　巡回防火指導時、走行する消防ポンプ車の後部の手すりにつかまり、ステップに立ち乗りしている際、不安定で路上へ転落したりする。

⑿　年末警戒で車を運転しているとき、時節柄、路面が凍結しておりタイヤが滑ったりしてガードレールなどに激突したりする。

⒀　年末警戒で暗がりを徒歩で巡回中、道路脇の側溝などが見えにくく、足を踏み外し、転落したりする。

⒁　年末警戒で、自転車で巡回していて、対向車のヘッドライトに目がくらみ、道路の窪みにハンドルをとられて転倒したりする。

⒂　年末警戒で、分団詰所の鉄製外階段を上り下りする際、階段が濡れたりしていると足を滑らせ、階段から転落したりする。

⒃　どんど焼き警戒中、焼け材の中に鉄パイプが入っていたりすると、消火のため注水した際、熱湯が飛び跳ねたりして、ヤケドを負ったりする。

⒄　桜祭りの警備中、見物客の負傷者を運ぶため、折畳式担架を組み立てる際、あわてていて担架の屈折部に手指を挟まれたりする。

⒅　梯子をかけて横さんに足を乗せ、棚の上のホースなど整理している際、無理して遠くへ身体を伸ばしたりすると、梯子が傾き転落したりする。

⒆　消火栓や防火水槽の蓋を腰の高さまで持ち上げたりすると、手が滑り、足の上に鉄蓋を落として、足の指を骨折したりする。

⒇　サンダル履きで防火水槽の底にたまったヘドロをスコップで除去作業している際、ヘドロの中に入っていたガラス破片などで足を切ったりする。

第5節　消防団安全行動指針

1　安全管理の徹底

災害現場は予測もできない危険が潜在しており、油断することなく危険に対する危機感を常に持って活動に努める。安全管理のあり方は消防の任務遂行のための積極的活動であることから、安全管理の徹底を行動指針とする。

2　指揮命令の徹底

消防の組織は、緊急時における即決即断の命令ができる階級体制をしいており、上位階級者となる指揮者の掌握下に入って、独断的な行動を慎まないと重大な事故や災害に発展する場合がある。団員相互の連携を密にして、組織力を持って安全確保にはかり、指揮命令系統の徹底を行動指針とする。

3　安全装備の点検

安全な消防活動を実施するためには、装備品の機能や操作方法など知識の習得に努め、取扱いに習熟し、装備品の点検・維持管理することを行動指針とする。

4　危険情報の周知

災害現場の情報は、いち早く活動している団員に周知し、上から下にと指揮命令の徹底を期して、危険情報の周知徹底を行動指針とする。

5　教育・訓練の実施

消防活動にはミスは許されない。的確な判断と予測、冷静で迅速な対応、任務を確実に実行するために、日ごろから教育・訓練を惜しまず知識の習得に努めることを行動指針とする。

6　気力・体力の養成

安全確保の基本は何といっても強靱な気力と体力である。日ごろから健康づくりと厳しい現場活動に耐えられる気力・体力の養成に努めることを行動指針とする。

表7－1　消防職員及び消防団員の公務による死傷者数

（令和3年中）（単位：人）

区　　分		消防職員	消防団員	計	構成比（%）
火　　災	死　者	0	0	0	0
	負傷者	161	123	284	19.5
風水害等の災害	死　者	0	0	0	0.0
	負傷者	17	8	25	1.7
救　　急	死　者	1	0	1	50.0
	負傷者	193	0	193	13.2
演習・訓練等	死　者	0	0	0	0.0
	負傷者	454	88	542	37.1
特　別　警　戒	死　者	0	0	0	0.0
	負傷者	0	6	6	0.4
捜　　索	死　者	0	0	0	0.0
	負傷者	3	3	6	0.4
そ　の　他	死　者	1	0	1	50.0
	負傷者	348	56	404	27.7
計	死　者	2	0	2	100.0
	負傷者	1,176	284	1,460	100.0

（備考）　1　「消防防災・震災対策現況調査」により作成
　　　　　2　小数点第二位を四捨五入のため、合計等が一致しない場合がある。

第8編 火災予防

第1章 予防概念

第1節 総説

ここ10年間では、火災による死者は年間1,600人程度で減少傾向にある。

しかし、平成13年9月1日に発生した新宿歌舞伎町ビル火災では延べ面積が500平方メートル程度の小規模なビルで発生したにもかかわらず、44名の死者が出た。また、平成18年1月には長崎県大村市の認知症高齢者グループホームにおいて死者7名を、平成25年2月にも長崎市内のグループホーム火災で死者5名、負傷者7名を出す火災が発生し、さらに、同年10月福岡市中心街での病院火災では、入院患者10名が死亡し、要配慮者への対策が問題化されている。こうした火災にかんがみて、超高齢社会を迎えた今日、老人ホームや病院等の施設にもスプリンクラーの設置強化が求められるなど、これからの防火管理体制や避難・安全基準など火災予防の対策について、消防団員としても必要な知識を習得して万全を期す必要がある。

令和3年中の出火件数は日本全国で3万5,222件であり、これは1日当たり96件の火災が発生していることとなる。

また火災による死者は全国で1,417人を数え、1日に3.9人の尊い生命が失われている。

このように計り知れない被害を及ぼす火災等を防ぐためには火災等が発生する前における対策が重要である。

この対策を火災予防と呼んでいる。

すなわち、火災予防とは、すべての火災発生危険がある建物や物において、どのようにしたら火災が発生しないか、また火災が発生しても、いかにその被害を最小限にくい止めるかということを目的に、事前にその措置を講じることである。

第2節 火災予防の分類

火災予防を具体的に考える場合、施設・設備の面と人的面に分類できる。

消防法や建築基準法では万一の火災発生に備えて、消防用設備等や避難施設等の設備が義務付けられており、建物を建築する時点で建築確認及び消防同意によって審査され適切な消防用設備等が設置されるシステムとなっている。

このようにして設置されている施設・設備に関する内容は一般的にハード面と呼ばれている。

ハード面 （施設・設備面）	ソフト面 （人的面）
○ 建築物などの防火対象物 ○ 消火器などの消防用設備等 ○ 階段・すべり台などの避難施設	○ 防火管理者 ○ 火元責任者 ○ 消防計画 ○ 自衛消防隊 　などの防火管理体制の確立

また、消防用設備等のハード面がいくら整備されていてもその設備を活用する人による対応が不可欠である。

　いかに技術が進歩し、設備・機器の性能が向上しても火災や地震等の災害から人命や財産を守るためには、それらに携わる人間の対応が非常に重要であることを認識しなければならない。
　この人による対応を防火管理、すなわちソフト面と呼んでいる。
　このハード面とソフト面が備わって初めて自主防火管理の原則である「自分たちの事業所は自分たちで守る」ことができるといえる。

第2章　消防用設備等

第1節　消防用設備等の種類

　火災が発生しても、素早く発見し、消火し、安全に避難させるため、防火対象物の所有者や管理者、占有者（法律では「関係者」といっている。）は、その防火対象物の用途や大きさ、構造、収容人数などに応じて、それぞれに消防用設備等を設置し、維持しなければならないと定められている（消防法第17条第1項）。消防用設備等の種類については消防法施行令第7条に規定されている。消防用設備等は、①消火設備、②警報設備、③避難設備、④消防用水、⑤消火活動上必要な施設に分けられる。

表8－1　消防用設備等の種類

消防の用に供する設備	消火設備	消火器、簡易消火用具（水バケツ、水槽、乾燥砂、膨張ひる石又は膨張真珠岩） 屋内消火栓設備 スプリンクラー設備 水噴霧消火設備 泡消火設備 不活性ガス消火設備 ハロゲン化物消火設備 粉末消火設備 屋外消火栓設備 動力消防ポンプ設備
	警報設備	自動火災報知設備 ガス漏れ火災警報設備 漏電火災警報器 消防機関へ通報する火災報知設備 警鐘、携帯用拡声器、手動式サイレンその他の非常警報器具、非常警報設備（非常ベル、自動式サイレン、放送設備）
	避難設備	すべり台、避難はしご、救助袋、緩降機、避難橋その他の避難器具 誘導灯、誘導標識
消　防　用　水		防火水槽又はこれに代わる貯水池その他の用水
消火活動上必要な施設		排煙設備、連結散水設備、連結送水管、非常コンセント設備、無線通信補助設備
必要とされる防火安全性能を有する消防の用に供する設備等		

第2節　消火器

　消火器は初期の火災に非常に効果のある最も手軽な消防用設備等の一つである。消火器の規格は、「消火器の技術上の規格を定める省令」で種類・能力単位・操作の機構・消火剤・放射性能・使用温度・各部分の基準等が規定されている。消火器の種類には、①水消火器、②強化液消火器、③泡消火器、④二酸化炭素消火器、⑤粉末消火器がある（酸アルカリ消火器とハロゲン化物消火器は、現在製造されていない。）。

1　消火器の表示

　これまで使用していた適応火災の表示マークは、平成21年9月に発生した大阪市の屋外駐車場において老朽化した消火器が破裂し、子どもが重傷を負った事故を踏まえて、消火器の標準的な安全上の注意事項や使用期限をはじめ、適応する火災の絵表示（国際規格に準じたもの）などの内容が大幅に改正され、平成23年1月1日から施行された。

図8−1　消火器の表示

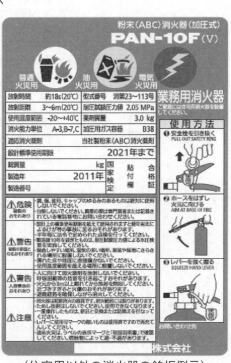

火災の区分	表示	改正前	改正後
A火災	普通火災用		
B火災	油火災用		
C火災	電気火災用		

（住宅用消火器の銘板例示）　　（住宅用以外の消火器の銘板例示）

2　消火器の構造

　現在、最も多く設置されている消火器は、粉末消火器であるが、その構造等は次のとおりである。

粉末（ABC）消火器

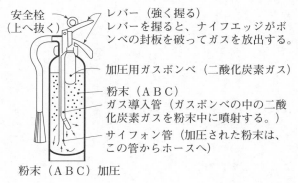
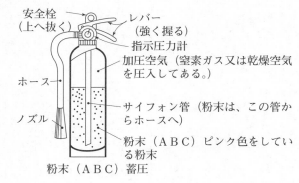

粉末（ABC）加圧　　　　　粉末（ABC）蓄圧

3　消火器の使い方

粉末・強化液消火器の場合

①安全ピンに指をかけ、上に引き抜く。　②ホースをはずして火元に向ける。　③レバーを強く握って噴射する。

4　消火器のかまえ方

①　やや腰をおとし低くかまえる。

②　できるだけ炎や煙を避け、風上から噴射する。

③　炎を狙うのではなく、火の根元を掃くように左右に振る。

※消火器から薬剤が出ている時間は10～40秒ほど（大きさで異なる）なので確実に狙うこと。

5　留意事項

（1）　一瞬のうちに炎を抑え消火できるが、木材等の火災では浸透性がないために再燃のおそれがあるので、強化液消火器や水で再度消火する必要がある。

（2）　放射時間が10型（消火薬剤3kg）のものでも15秒程度しかないので、火元を十分に狙って放射する必要がある。

（3）　密閉された室内では、ドアの隙間等から放射することによって、消火できる場合がある。

（4）　消火器で初期消火可能な目安としては天井面に延焼するまでである。

第3節　主な消防用設備等

　万一火災が発生しても、火災発生を早く知らせ、火災を素早く消火し、火災が発生している建物からいち早く避難させ、さらには消防隊が効果的に消火活動を行うことのできる総合的な火災報知システム等が消防法の規制を受け、防火対象物の用途や面積・階数などの規模、構造及び収容人員等に応じて一定の基準に従って設置することを義務づけている。その標準的な自動火災報知システムは下図の構成となっている。また、関連した主な消防用設備等には次のような設備がある。

図8−2　Ｐ型1級自動火災報知システム標準構成例

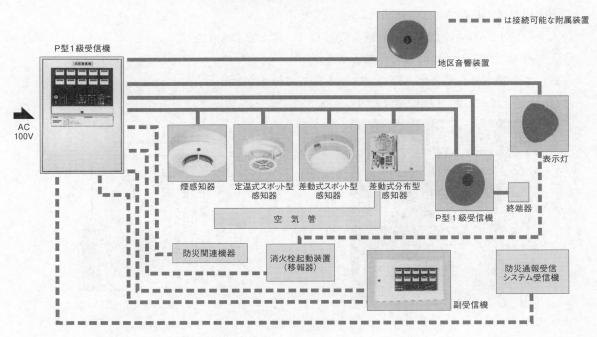

1　消火設備

(1)　屋内消火栓設備

起動ボタンを押し、消火栓箱内のホース・ノズルを延長し、バルブを開けて消火を行う設備

◇ホースを必要本数結合しておく。（2〜3本）

◇消火栓箱の周辺には物を置かない。

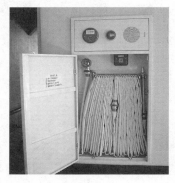

(2)　スプリンクラー設備

天井に取り付けられたヘッドにより、自動的に火災の感知を行い、同時に消火を行う設備

◇消火に必要な水量が確保されているか定期的に点検する。

◇消火ヘッドの散水障害がないように棚に物を置かない。

◇消火後、ヘッドからの消火水を停止する制御弁の設置場所を調べておく。

(3)　不活性ガス消火設備

消火用ガス（炭酸ガス）を放出して消火する設備

◇人命危険上、不活性ガス消火設備を設置していることの表示をする。

◇人が避難したことを確認して作動させる。

◇誤って作動させた場合は、緊急ボタンを押して停止させる。

（作動させてからおおむね20秒以内）

2　警報設備

(1)　自動火災報知設備

　　火災が発生した際に、火災熱及び炎や煙を感知して自動的に火災を知らせる設備

　◇受信装置は常に人がいる場所に設置する。

　◇ベルの停止や電源の遮断がないかを常に点検しておく。

(2)　漏電火災警報器

　　外壁がモルタルなどの下地に鉄鋼（ラス）を使用している建物で、電気配線から漏れた電流を自動的にとらえ警報を発する器具

　◇受信機周辺には障害となる物を置かない。

　◇試験用スイッチで、定期的に機能試験を行う。

(3)　非常ベル

　　押しボタンを操作することにより、火災の発生を知らせる設備

　◇押しボタンは、いたずらされないようプラスチック等の保護板で保護すること。

　◇押しボタンの周辺には操作の障害となる物を置かない。

(4)　放送設備

　　火災の状況や避難の方法などの必要な情報を建物の全域や階別に選択して拡声する設備

　◇非常放送のための放送文などを事前に作って、定期的に訓練しておく。

◇全域又は階を選択して放送する。

3　避難設備

(1)　避難はしご

建物に固定するか、あるいはつり下げるなどして使う避難器具（金属製又は繊維製のものがある。）

◇金属部分に変形や腐食がないか、また繊維製ロープのほつれや結合部の緩みがないか点検しておく。

◇操作や避難の障害となるものがないか確認しておく。

(2)　救助袋

2階以上に取り付ける垂直式と3階以上に取り付ける斜降式とがあり、壁などに取り付けた支持枠を完全に起こしてから袋の中を滑りながら降下する避難器具

◇救助袋に穴や破れがないか、ロープがもつれていたりしてないか定期的に点検しておく。

◇斜降式のものは、地上の固定環の位置を確認し、周辺には障害物を置かない。

(3)　緩降機

　　フックを支持部に取り付けベルトを身体に通し、建物の壁を伝い、手でバランスを取り自重で降下する避難器具

◇ロープはねじれないようにリールに巻いておく。

◇調速器に変形、破損などがないか点検しておく。

(4)　誘導灯

　　火災の場合、避難口や避難方向を指示するための照明設備で、避難口誘導灯、通路誘導灯及び客席誘導灯の 3 種類がある。停電しても非常電源で点灯する。

◇間仕切りや家具類で見えにくくしない。

◇非常電源への切り替えが正常に行われているか点検しておく。

4　消火活動上必要な施設

(1)　排煙設備

　　火災が発生したときに建物に充満する煙を屋外に排出する設備で、避難や消防活動を容易にする。

◇排煙口の近くに荷物などを置かない。

⑵　連結送水管

　　高層建物や地下建築物など、濃煙等のため消火活動が困難となる建物に設置されているもので、階段にホースを延長せずに消火活動を有効に行うための設備

　◇送水口にポンプ車が容易に接近でき、ホース等の結合金具が結合できるようスペースを確保しておくこと。

　◇消防隊用放水口には消防章のマークと赤色の表示灯を点灯させておくこと。

　◇標識は見やすい位置に設けること。

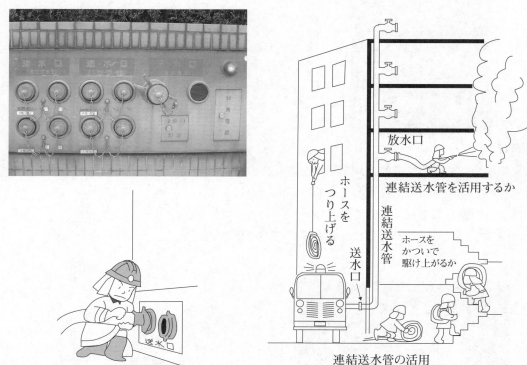

連結送水管の活用

⑶　非常コンセント

　　高層ビルや地下街での火災の場合、消防隊の移動照明器具や破壊器具を接続して消防活動を円滑に行うための電源設備

　◇供給電圧を適正にすること。

　◇非常電源である旨の表示をすること。

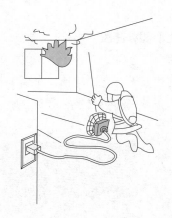

5　住宅用火災警報器（住宅用防災機器）

　　住宅火災の早期発見と死者の減少を目的に、消防法第9条の2第2項及び市町村条例の定めるところにより、新築の一般住宅は平成18年6月1日から、すでに建築済みの一般住宅には平成23年6月までに住宅用防災機器の設置が義務づけられた。これらの設置及び維持に関する基準は、市町村ごとに定められている。

　　住宅用火災警報器は、火災による死者を減少させるため、住宅の「寝室」などの部屋や「台所」及

び「階段室」に設置することとなっており、市町村の条例によって異なるが、原則として浴室・トイレ・洗面所・廊下・玄関・納屋などには設置する必要はない。

　住宅用火災警報器とは、火災により発生する煙や熱を自動的に感知し、音（ピッピッピ）や音声（火事です、火事です。）により、火災の発生を早期に知らせる機器である。

　住宅用火災警報器は、感知方式で「火災」を感知するタイプと、「火災」及び「ガス漏れ等」を感知するタイプに大別される。「火災」感知タイプは、火災で発生する煙又は熱に反応してこれを感知して警報を発するものをいう。「ガス漏れ等」感知タイプは、台所などでの燃料源（ガス）の漏洩や不完全燃焼による一酸化炭素（COガス）に反応して警報を発するもので「火災」感知との複合型になっており、機種機能としては、「煙式」、「熱式」、「複合型」に区分される。電源の供給方式では、「電池内蔵型」と「交流100V型」があり、「電池内蔵型」は、電池切れで電池を交換するものと火災警報器ごと交換するものがある。電池切れは、音や表示で警報を出す。機器の交換は1年〜10年が目安。「交流100V型」は、コンセントに差し込んで使用できるものもある。取り付けは、天井・壁にネジ止めするものと、壁にフックで引っかけるものがある。電器店や家電量販店及び消防設備等の専用メーカーなどで販売しており、簡単に取り付けることができる。

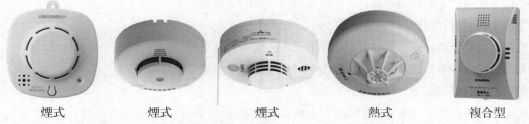

| 煙式 | 煙式 | 煙式 | 熱式 | 複合型 |

　なお、住宅用火災警報器の設置義務化に伴い、今後、巧妙な手口を使った悪質な訪問販売などのトラブルの発生が考えられ、契約を急がせようとする事業者には要注意である。

　訪問販売の場合、契約書面を受け取ってから8日以内であれば、無条件で解約（クーリング・オフ）ができる。消防団員や消防職員のような服装で消防をかたる悪質な販売員がいるので訪問販売などに関する相談は、都道府県の「消費生活センター」へ連絡するとよい。地域の防災に密接な関係にある消防団員は、一般住民に対し適切な指導ができるよう本制度を十分に理解しておく必要がある。

第4節　消防用設備等の点検・報告

消防用設備等は、いざというときに、その機能を十分発揮できるように日頃から維持管理に努めておくことが大切である。このため消防法では、設備の点検や整備のほか点検結果報告などについて、建物の関係者に義務づけている。

1　点検報告の義務がある者

　所有者・占有者・管理者

延面積1,000平方メートル以上の建物に設置されている消防用設備等

↓

消防設備士
消防設備点検資格者

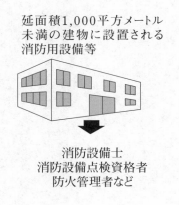

延面積1,000平方メートル未満の建物に設置される消防用設備等

↓

消防設備士
消防設備点検資格者
防火管理者など

2　点検の種別

点検の種別は、消防用設備等の種類によって異なる。

機器点検（6か月に1回以上）
次の事項について、確認する。 　(1)　消防用設備等に附置される非常電源（自家発電設備に限る。）又は動力消防ポンプの正常な作動 　(2)　消防用設備等の機器の適正な配置、損傷等の有無その他主として外観から判別できる事項 　(3)　消防用設備等の機能について、外観から又は簡易な操作により判別できる事項
総合点検（1年に1回以上）
消防用設備等の全部若しくは一部を作動させ、又は当該消防用設備等を使用することにより、当該消防用設備等の総合的な機能を消防用設備等の種類に応じて確認する。

※ただし、特殊消防用設備等にあっては、法第17条第3項に規定する設備等設置維持計画によるものとする。

3　点検結果の報告

◇1年に1回（特定用途の建物)

◇3年に1回（特定用途以外の建物)

・点検した結果は、点検票などに点検者が記入する。

・報告書・点検票・総括表及び点検者の様式は告示で定められている。

4　消防用設備等の整備

点検結果、不良箇所はすぐに整備して設備の機能を確実に保たなければならない。

このため、一定の知識や技能の資格を持つ消防設備士が行うこととなっている。

第 3 章　防火管理

第 1 節　防火管理制度の概要

消防用設備等のハード面が完備されると、あたかもこれらの設備が火災発生や延焼を自動的に防いでくれるかのように過信し、活用方法や維持管理を怠り、いざという時に使用できず惨事を招いてしまったという事例は多々見受けられる。

このため消防法第 8 条で多数の者が勤務したり、居住する建物は防火管理業務を行わなければならないと定められている。

防火管理業務とはその会社の経営者やマンションの所有者等に対し防火管理者を選任させ消防計画を作成し、いかなる火災や災害にも対応できるような体制を整備しておくことである。

この防火管理制度の基本条文が法第 8 条第 1 項であり、同規定は、次のような法令体系となっている。

防火管理制度の法令体系

＝義務の内容＝

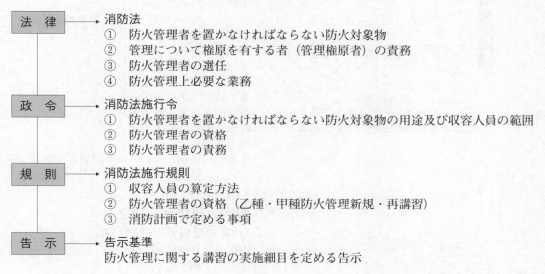

法　律 → 消防法
① 防火管理者を置かなければならない防火対象物
② 管理について権原を有する者（管理権原者）の責務
③ 防火管理者の選任
④ 防火管理上必要な業務

政　令 → 消防法施行令
① 防火管理者を置かなければならない防火対象物の用途及び収容人員の範囲
② 防火管理者の資格
③ 防火管理者の責務

規　則 → 消防法施行規則
① 収容人員の算定方法
② 防火管理者の資格（乙種・甲種防火管理新規・再講習）
③ 消防計画で定める事項

告　示 → 告示基準
防火管理に関する講習の実施細目を定める告示

第 2 節　防火管理を行わなければならない建物等

消防法第 8 条第 1 項によって防火管理を行わなければならない建物等は、特例として、火災発生時に自力で避難することが著しく困難な者が入所する社会福祉施設（認知症高齢者グループホーム等）などの防火対象物で収容人員が10人以上のもの、百貨店、旅館・ホテルなど不特定多数の者が出入りする防火対象物や病院、幼稚園など弱者を収容する建物で収容人員が30人以上のものとそれ以外の用途に供される防火対象物で収容人員が50人以上のものとされている。

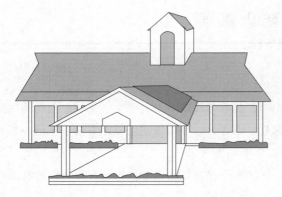

収容人員が10人以上
〈認知症高齢者グループホーム等の社会福祉施設〉
老人短期入所施設
養護老人ホーム
特別養護老人ホーム
軽費老人ホーム
有料老人ホーム
介護老人保健施設
救護施設
乳児院
障害児入所施設
障害者支援施設など

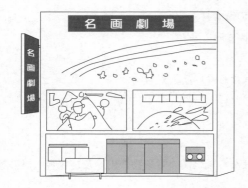

収容人員が30人以上
〈特定用途の建物〉
劇場・映画館・公会堂
キャバレー・遊技場
カラオケボックス・ネットカフェ
料理店・飲食店
百貨店・マーケット
旅館・ホテル
病院・診療所
福祉施設・更生施設
幼稚園・特別支援学校
特殊浴場・サウナ浴場
地下街
上記の用途が含まれている雑居ビルなど

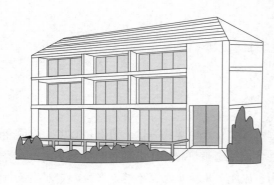

収容人員が50人以上
〈特定用途以外の建物〉
寄宿舎・共同住宅
小・中・高・大学
図書館・博物館
一般の公衆浴場
神社・教会
工場・作業所
車庫・駐車場
倉庫
事務所などの事業所
文化財の建物
特定用途以外の雑居ビルなど
新築工事中の建築物
建造中の旅客船

　防火対象物とは、建築物をはじめ、車両や船舶その他の工作物及び山林など火災予防の対象となるすべてのものであるが、その用途によって、消防法施行令別表第1に区分されている。防火管理の実施や消防用設備等の設置に関する基準は、この用途区分に応じて定められている。

防火管理が必要な防火対象物

消防法施行令別表第1に掲げる防火対象物の区分		選任を要する収容人員数
(1)項	イ　劇場、映画館、演芸場又は観覧場 ロ　公会堂又は集会場	30人以上
(2)項	イ　キャバレー、カフェー、ナイトクラブその他これらに類するもの ロ　遊技場又はダンスホール ハ　風俗営業等の規制及び業務の適正化等に関する法律第2条第5項に規定する性風俗関連特殊営業を営む店舗（ニ並びに(1)項イ、(4)項、(5)項イ及び(9)項イに掲げる防火対象物の用途に供されているものを除く。）その他これに類するものとして総務省令で定めるもの ニ　カラオケボックスその他遊興のための設備又は物品を個室（これに類する施設を含む。）において客に利用させる役務を提供する業務を営む店舗で総務省令で定めるもの	30人以上
(3)項	イ　待合、料理店その他これらに類するもの ロ　飲食店	30人以上
(4)項	百貨店、マーケットその他の物品販売業を営む店舗又は展示場	30人以上
(5)項	イ　旅館、ホテル、宿泊所その他これらに類するもの	30人以上
	ロ　寄宿舎、下宿又は共同住宅	50人以上
(6)項	イ　次に掲げる防火対象物 (1)　次のいずれにも該当する病院（火災発生時の延焼を抑制するための消火活動を適切に実施することができる体制を有するものとして総務省令で定めるものを除く。） 　(i)　診療科名中に特定診療科名（内科、整形外科、リハビリテーション科その他の総務省令で定める診療科名をいう。(2)(i)において同じ。）を有すること。 　(ii)　医療法第7条第2項第4号に規定する療養病床又は同項第5号に規定する一般病床を有すること。 (2)　次のいずれにも該当する診療所 　(i)　診療科名中に特定診療科名を有すること。 　(ii)　4人以上の患者を入院させるための施設を有すること。 (3)　病院（(1)に掲げるものを除く。）、患者を入院させるための施設を有する診療所（(2)に掲げるものを除く。）又は入所施設を有する助産所 (4)　患者を入院させるための施設を有しない診療所又は入所施設を有しない助産所	30人以上
	ロ　次に掲げる防火対象物 (1)　老人短期入所施設、養護老人ホーム、特別養護老人ホーム、軽費老人ホーム（介護保険法第7条第1項に規定する要介護状態区分が避難が困難な状態を示すものとして総務省令で定める区分に該当する者を主として入居させるものに限る。）、有料老人ホーム（避難が困難な要介護者を主として入居させるものに限る。）、介護老人保健施設、老人福祉法第5条の2第4項に規定する老人短期入所事業を行う施設、同条第5項に規定する小規模多機能型居宅介護事業を行う施設（避難が困難な要介護者を主として宿泊させるものに限る。）、同条第6項に規定する認知症対応型老人共同生活援助事業を行う施設その他これらに類するものとして総務省令で定めるもの (2)　救護施設 (3)　乳児院 (4)　障害児入所施設 (5)　障害者支援施設（障害者の日常生活及び社会生活を総合的に支援するための法律第4条第1項に規定する障害者又は同条第2項に規定する障害児であつて、同条第4項に規定する障害支援区分が避難が困難な状態を示すものとして総務省令で定める区分に該当する者を主として入所させるものに限る。）又は同法第5条第8項に規定する短期入所若しくは同条第17項に規定する共同生活援助を行う施設（避難が困難な障害者等を主として入所させるものに限る。）	10人以上
	ハ　次に掲げる防火対象物 (1)　老人デイサービスセンター、軽費老人ホーム（ロ(1)に掲げるものを除く。）、老人福祉センター、老人介護支援センター、有料老人ホーム（ロ(1)に掲げるものを除く。）、老人福祉法第5条の2第3項に規定する老人デイサービス事業を行う施設、同条第5項に規定する小規模多機能型居宅介護事業を行う施設（ロ(1)に掲げるものを除く。）その他これらに類するものとして総務省令で定めるもの (2)　更生施設 (3)　助産施設、保育所、幼保連携型認定こども園、児童養護施設、児童自立支援施設、児童家庭支援センター、児童福祉法第6条の3第7項に規定する一時預かり事業又は同条第9項に規定する家庭的保育事業を行う施設その他これらに類するものとして総務省令で定めるもの (4)　児童発達支援センター、児童心理治療施設又は児童福祉法第6条の2の2第2項に規定する児童発達支援若しくは同条第4項に規定する放課後等デイサービスを行う施設（児童発達支援センターを除く。） (5)　身体障害者福祉センター、障害者支援施設（ロ(5)に掲げるものを除く。）、地域活動支援センター、福祉ホーム又は障害者の日常生活及び社会生活を総合的に支援するための法律第5条第7項に規定する生活介護、同条第8項に規定する短期入所、同条第12項に規定する自立訓練、同条第13項に規定する就労移行支援、同条第14項に規定する就労継続支援若しくは同条第15項に規定する共同生活援助を行う施設（短期入所等施設を除く。）	30人以上
	ニ　幼稚園又は特別支援学校	30人以上

(7)項	小学校、中学校、義務教育学校、高等学校、中等教育学校、高等専門学校、大学、専修学校、各種学校その他これらに類するもの	50人以上
(8)項	図書館、博物館、美術館その他これらに類するもの	50人以上
(9)項	イ　公衆浴場のうち、蒸気浴場、熱気浴場その他これらに類するもの	30人以上
	ロ　イに掲げる公衆浴場以外の公衆浴場	50人以上
(10)項	車両の停車場又は船舶若しくは航空機の発着場（旅客の乗降又は待合いの用に供する建築物に限る）	50人以上
(11)項	神社、寺院、教会その他これらに類するもの	50人以上
(12)項	イ　工場又は作業場 ロ　映画スタジオ又はテレビスタジオ	50人以上
(13)項	イ　自動車車庫又は駐車場 ロ　飛行機又は回転翼航空機の格納庫	50人以上
(14)項	倉庫	50人以上
(15)項	前各項に該当しない事業場	50人以上
(16)項	イ　複合用途防火対象物のうち、その一部が(1)項から(4)項まで、(5)項イ、(6)項又は(9)項イに掲げる防火対象物の用途に供されているもの	30人以上※
	ロ　イに掲げる複合用途防火対象物以外の複合用途防火対象物	50人以上
(16の2)項	地下街	30人以上※
(16の3)項	準地下街	30人以上
(17)項	文化財保護法の規定によって重要文化財、重要有形民俗文化財、史跡若しくは重要な文化財として指定され、又は旧重要美術品等の保存に関する法律の規定によって重要美術品として認定された建造物	50人以上

░░░░ 部分は特定防火対象物で、それ以外は非特定防火対象物を示す。
※　(6)項ロに係るものは10人以上

第3節　防火管理の体系

　防火管理を行わなければならない防火対象物では、次のような体制を整えることが義務づけられている。

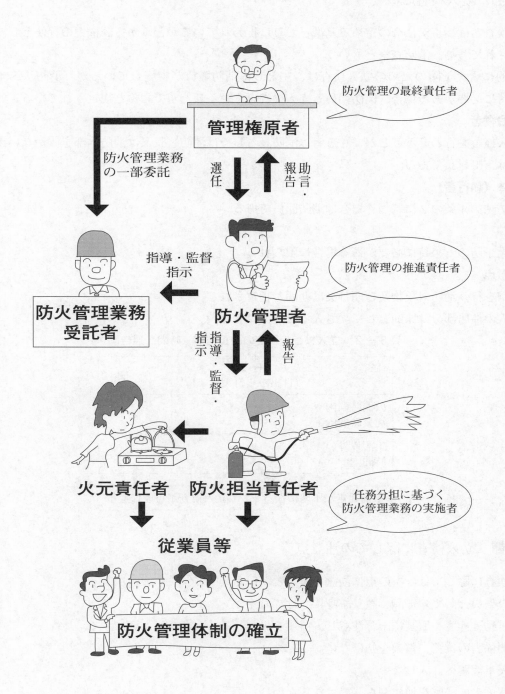

第4章　立入検査

第1節　立入検査の概要

　立入検査とは物事が法令の定める基準どおりに行われているかどうかを公権力の行使として検査することとされており、消防査察ともいう。

　一般的に火災予防のための立入検査は、主として消防職員が実施しているが、消防法第4条の2によって特に必要がある場合、消防団員も立入検査をさせることができると規定されている。

1　命令権者

　立入検査を行わせることができる者は消防長若しくは消防署長又は消防本部を置かない市町村においては市町村長である。

2　主体（執行者）

　消防法第4条の2に基づく場合は消防団員である。

3　要件

　火災予防のため特に必要がある場合に限られる。

4　留意点

　査察を行う消防対象物及び期日又は期間が指定される。

　個人の住居部分は原則として立ち入ることはできない。

表8-2　立入検査の規定の改正内容（時間、通告関係）

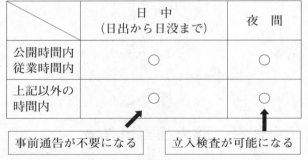

第2節　立入検査に際しての注意点

　立入検査に際しては、次の点に注意すること。
(1)　査察員としての知識、教養を身につけておく。
(2)　言動、態度や服装に十分注意し、信頼を失わせることがないようにする。
(3)　関係者の業務、営業を妨げない。
(4)　民事問題へ介入しない。
(5)　関係者の秘密を他に漏らしてはならない。
(6)　関係者から物品の提供を受けたりしてはならない。
(7)　立入検査を行う場合、必ず立入検査証を提示する。
(8)　火災予防が目的であることを常に念頭におく。

第3節　防火対象物定期点検報告の制度

　防火管理者を置かなければならない防火対象物において、その業務内容や消防計画の作成、訓練の実施など一定の防火基準が満たされていた場合には、防火管理業務が適正に執行されている安全で優良な

防火対象物として、防火対象物定期点検報告制度等により「**防火優良認定証**」及び「**防火基準点検済証**」を表示することができる。

　新宿区歌舞伎町ビル火災を契機に消防法が一部改正され、防火管理の徹底を図るため、「防火対象物定期点検報告制度」及び「自主点検報告表示制度」が、平成15年10月1日から導入された。

　防火対象物定期点検報告制度とは、一定の防火対象物の管理権原者に対し、防火対象物点検資格者による点検を義務づけ、その結果について消防長又は消防署長への報告を行わせるものである。防火対象物点検資格者が点検した結果、消防法令に適合していると認められた場合には、「**防火基準点検済証**」を表示することができる。

　また、管理権原者が、消防機関に申請してその検査を受け、一定期間継続して消防法令を遵守し基準に適合していると認められた場合、防火優良認定を受けている旨の表示を付することができるとともに、点検・報告の義務が3年間免除されることを「特例認定」という。建物の全ての部分が3年間継続して消防法令を遵守していると消防機関が認めた場合は「**防火優良認定証**」を表示することができる。

　両制度に係る表示マークには、国民に幅広く定着させることを目的に「防火セイフティマーク」という愛称が付けられている。この認定証の表示により、利用者に消防法令を遵守していることを情報提供し、建物の防火体制判断が一目でわかるようにした制度である。

　○「防火基準点検済証」　　　　　　　　　　　　○「防火優良認定証」

　防火対象物点検資格者による点検の結果、消防法令に適合している建物にはこのマークを原則1年間、表示できる（消防法第8条の2の2）。

　過去3年間、消防法令を遵守している建物は、このマークを原則3年間、表示することができる（消防法第8条の2の3）。

図8－3　防火対象物の定期点検報告制度の概要

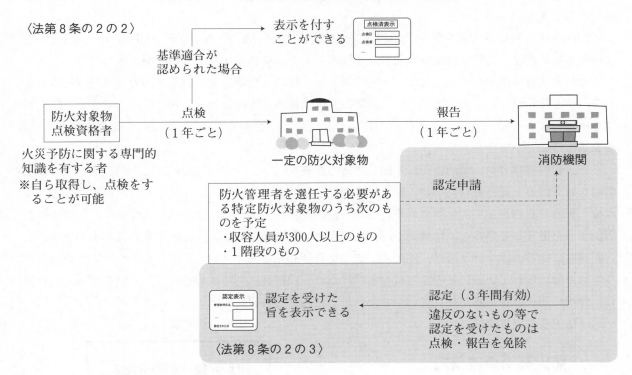

〈法第8条の2の2〉

表示を付す
ことができる

点検済表示
点検日
点検者
…

基準適合が
認められた場合

防火対象物
点検資格者

点検
（1年ごと）

一定の防火対象物

報告
（1年ごと）

消防機関

火災予防に関する専門的
知識を有する者
※自ら取得し、点検をす
ることが可能

認定申請

防火管理者を選任する必要があ
る特定防火対象物のうち次のも
のを予定
・収容人員が300人以上のもの
・1階段のもの

認定表示
管理権原者名
…
認定された日

認定を受けた
旨を表示できる

認定（3年間有効）
違反のないもの等で
認定を受けたものは
点検・報告を免除

〈法第8条の2の3〉

防火基準適合表示制度

　表示の対象となるホテルや旅館など、不特定多数の者が利用する施設の関係者からの申請に
より消防機関が審査を行い、防火・防災管理上一定の基準に適合している場合に表示マーク
（防火基準適合証）を交付する制度である。

　利用者等に情報提供することで、防火対象物の関係者の防火に対する認識を高め、防火管理
業務の実施と消防用設備等の設置、維持管理等を促進し、防火安全体制の確立を図ることを目
的としている。

○「防火基準適合証（銀）」　　　　　　　○「防火基準適合証（金）」

申請により表示基準に適合すると認めら　　　3年間継続して表示基準に適合すると認
れた場合に掲示可能（1年間有効）　　　　められた場合に掲示可能（3年間有効）

第5章　危険物

　工場やビル等では、危険物をともなう物品が数多く取り扱われている。発火性又は引火性のある物品は、消防法により規制を受ける。危険物はその取扱いをいったん誤れば大災害に発展する危険性が大きく、また、いったん火災になると消火が困難となる性状があるため、危険物の性状を理解し、法令で定められている貯蔵・取扱いの基準を守らなければならない。

　消防法に基づく危険物を取扱い又はその取扱いに立ち会うために必要となる危険物取扱者は、国家資格で、甲種・乙種・丙種があり、合格すると都道府県知事から免状が交付される。消防団員で、「5年以上消防団員として勤務し、かつ消防学校の教育訓練のうち基礎教育又は専科教育の警防科を修了した者」は丙種危険物取扱者の試験において、試験科目が免除される（危険物の規制に関する規則第55条第7項）。受験に際して消防学校長が証明した修了証書を添付すれば、丙種の試験問題全25問中「燃焼及び消火に関する基礎知識」の試験科目全部（5問）が免除される。丙種危険物取扱者免状を取得していると、ガソリン、灯油、軽油、第三石油類（重油、潤滑油、引火点130℃以上）、第四石油類、動植物油類に限り、その取扱いと定期点検を行うことができる。試験を実施する一般財団法人消防試験研究センターでは、平成22年度からインターネットを利用した電子申請による受験申請ができるようになっているが、証明書類を添付する場合にあっては電子申請を利用できないので注意を要する。なお、合格発表や試験の詳細については、消防試験研究センターのホームページに掲載されている。（https://www.shoubo-shiken.or.jp/）

表8－3　危険物の種類と指定数量（消防法別表第一・危険物の規制に関する政令別表第三）

類	品　　　　名	性　　　質	指定数量
第一類	1．塩素酸塩類 2．過塩素酸塩類 3．無機過酸化物	第一種酸化性固体	50kg
	4．亜塩素酸塩類 5．臭素酸塩類 6．硝酸塩類 7．よう素酸塩類 8．過マンガン酸塩類	第二種酸化性固体	300kg
	9．重クロム酸塩類 10．その他のもので政令で定めるもの 11．前各号に掲げるもののいずれかを含有するもの	第三種酸化性固体	1,000kg
第二類	1．硫化りん		100kg
	2．赤りん		100kg
	3．硫黄		100kg
	4．鉄粉		500kg
	5．金属粉 6．マグネシウム	第一種可燃性固体	100kg
	7．その他のもので政令で定めるもの 8．前各号に掲げるもののいずれかを含有するもの	第二種可燃性固体	500kg
	9．引火性固体		1,000kg
	1．カリウム		10kg
	2．ナトリウム		10kg
	3．アルキルアルミニウム		10kg
	4．アルキルリチウム		10kg

第三類	5．黄りん		20kg
	6．アルカリ金属（カリウム及びナトリウムを除く。）及びアルカリ土類金属 7．有機金属化合物（アルキルアルミニウム及びアルキルリチウムを除く。） 8．金属の水素化物 9．金属のりん化物 10．カルシウム及びアルミニウムの炭化物 11．その他のもので政令で定めるもの 12．前各号に掲げるもののいずれかを含有するもの	第一種自然発火性物質及び禁水性物質	10kg
		第二種自然発火性物質及び禁水性物質	50kg
		第三種自然発火性物質及び禁水性物質	300kg
第四類	1．特殊引火物		50L
	2．第一石油類	非水溶性液体	200L
		水溶性液体	400L
	3．アルコール類		400L
	4．第二石油類	非水溶性液体	1,000L
		水溶性液体	2,000L
	5．第三石油類	非水溶性液体	2,000L
		水溶性液体	4,000L
	6．第四石油類		6,000L
	7．動植物油類		10,000L
第五類	1．有機過酸化物 2．硝酸エステル類 3．ニトロ化合物 4．ニトロソ化合物 5．アゾ化合物 6．ジアゾ化合物 7．ヒドラジンの誘導体 8．ヒドロキシルアミン 9．ヒドロキシルアミン塩類 10．その他政令で定めるもの 11．前各号に掲げるもののいずれかを含有するもの	第一種自己反応性物質	10kg
		第二種自己反応性物質	100kg
第六類	1．過塩素酸 2．過酸化水素 3．硝酸 4．その他のもので政令で定めるもの 5．前各号に掲げるもののいずれかを含有するもの		300kg

第9編　防災対策

第1章　防災対策における消防団組織の位置付け

　我が国は、地形的にも気象的にも自然条件から災害に対して脆弱な国土構造にあり、大雨、台風、地震、津波、火山の噴火などによる災害を受けやすい条件下にある。世界の中でも多雨地帯に属し、1月から2月の豪雪、3月の菜種梅雨、5月から7月の梅雨前線上を低気圧が東進する際の大雨や8月から9月にかけて発生し接近する台風に伴う集中豪雨など、年間を通じての降雨量が多く、古くから水害、土砂災害、高潮災害等により多くの被害を受けてきた。また、日本列島周辺には、ユーラシアプレート、北米プレート、太平洋プレート、フィリピン海プレートなど多くの大陸プレートがぶつかりあっている変動帯がある。さらには、列島とその周辺海域には大きく分けて12の活断層区があるといわれており、直下型地震に見られる活断層がおおよそ2,000か所もあり、地震は避けることのできない自然現象の一つである。

　先人の英知や国土の発展を支える社会経済活動の基盤により、これまで各種の防災対策が構築され国土の整備が行われているが、大規模な災害に対応するためには、国としての防災対策はもちろんのこと各地域における防災力を高めていくことが重要である。特に、地域の防災リーダーとなる消防団にあっては、消防組織法第9条に規定されているとおり市町村の消防機関であり、また、水防法第17条においては、水害時に水防団及び消防機関の出動要請が明記されている。総合的な災害対策の法律である災害対策基本法第5条第2項、第3項においても、市町村の責務として消防機関、水防団の組織を整備し、住民の生命・身体及び財産を災害から保護することができるようすべての機能を十分に発揮できるように努めなければならないとされている。

避難誘導活動中3名の消防団員が亡くなった水俣市宝川内集地区災害現場

第2章　防災気象情報

　災害対策において、絶対に欠かせないものは防災に関する気象等の情報である。気象庁では気象業務法に基づき、都道府県及び防災関係機関や報道機関等に対して詳細で綿密な気象情報を通報している。防災気象情報の中でも、水防法（昭和24年制定）による洪水等に関する防災情報は、明治29年に法律制定された河川法による専門用語が古くから使用されてきた。地球温暖化等による異常気象現象に伴った風水害等の自然災害の多発による大きな被害や多くの人命が奪われるなどの被害を軽減するために、住民や消防団・水防団等、市町村の防災担当者、報道機関等に理解されやすく、かつ情報の受け手の的確な判断や行動につながるような情報の内容や表現について見直しが行われているので、防災気象情報に十分留意し、防災対策に反映していく必要がある。

1　警報と注意報の違い

　雨や風などによる被害が想定される場合には、事前に注意報や警報が発表されることになっている。注意報は災害が起こるおそれのあるときに、警報は重大な災害が起こるおそれのあるときに、注意や警戒を呼びかけて行う予報として発表される。また、注意報や警報に先立って注意を促したり、注意報や警報の発表後に補足的な注意をするために気象情報が発表されることもある。

　なお、注意報・警報が発表される基準は、市町村ごとに異なる。

表9－1　警報・注意報・情報の種類

警　報	大雨、洪水、大雪、暴風、暴風雪、波浪、高潮の7種類
注意報	大雨、洪水、大雪、強風、風雪、波浪、高潮、濃霧、雷、乾燥、なだれ、着氷、着雪、融雪、霜、低温の16種類
情　報	台風、低気圧、大雨（記録的短時間大雨情報）、長雨、少雨など

表9－2　警報・注意報の発表区域と基準

警報・注意報の発表区域	防災機関の防災活動が円滑に行えるように、1,783の市町村等（令和4年4月1日現在）を発表区域として警報や注意報を気象庁が発表している。
警報・注意報の発表基準	気象要素（雨量、土壌雨量指数、流域雨量指数、風速、波の高さ、潮位など）が基準に達すると予想した区域に、警報・注意報が発表される。この基準は、災害の発生と気象要素の関係を調査した上で、都道府県などの防災機関と調整して決めている。基準は地域ごとに異なっており、災害発生状況の変化や防災対策の進展を考慮して、適宜見直しされている。ただし、地震で地盤がゆるんだり火山の噴火によって火山灰が積もったりして災害発生に関わる条件が変化した場合、通常とは異なる基準で発表される。

表9－3　警報・注意報が発表される場合の状況

発表の種類	警告内容と注意喚起内容
大雨警報	大雨による重大な災害が発生するおそれがあると予想したときに発表される。対象となる重大な災害として、重大な浸水災害や重大な土砂災害などがあげられる。雨がやんでも、重大な土砂災害などのおそれが残っている場合は、発表が継続される。
洪水警報	大雨、長雨、融雪などにより河川が増水し、重大な災害が発生するおそれがあると予想したときに発表される。対象となる重大な災害として、河川の増水や氾濫、堤防の損傷や決壊による重大な災害があげられる。なお、河川を特定する場合は、指定河川洪水警報が発表される。
大雪警報	大雪により重大な災害が発生するおそれがあると予想したときに発表される。
暴風警報	暴風により重大な災害が発生するおそれがあると予想したときに発表される。
暴風雪警報	雪を伴う暴風により重大な災害が発生するおそれがあると予想したときに発表される。「暴風による重大な災害」に加えて「雪を伴うことによる視程障害（見通しが利かなくなること）などによる重大な災害」のおそれについても警戒が呼びかけられる。「大雪＋暴風」の意味ではなく、大雪により重大な災害が発生するおそれがあると予想したときには、「大雪警報」が発表される。
波浪警報	高い波により重大な災害が発生するおそれがあると予想したときに発表される。この「高波」は、地震による「津波」とは全く別のものである。
高潮警報	台風や低気圧等による異常な海面の上昇により重大な災害が発生するおそれがあると予想したときに発表される。

大雨注意報	大雨による災害が発生するおそれがあると予想したときに発表される。 対象となる災害として、浸水災害や土砂災害などがあげられる。 雨がやんでも、土砂災害などのおそれが残っている場合は、発表が継続される。
洪水注意報	大雨、長雨、融雪などにより河川が増水し、災害が発生するおそれがあると予想したときに発表される。 対象となる災害として、河川の増水や氾濫、堤防の損傷や決壊による災害があげられる。 なお、河川を特定する場合は、指定河川洪水注意報が発表される。
大雪注意報	大雪により災害が発生するおそれがあると予想したときに発表される。
強風注意報	強風により災害が発生するおそれがあると予想したときに発表される。
風雪注意報	雪を伴う強風により災害が発生するおそれがあると予想したときに発表される。 「強風による災害」に加えて「雪を伴うことによる視程障害（見通しが利かなくなること）などによる災害」のおそれについても注意を呼びかける。「大雪＋強風」の意味ではなく、大雪により災害が発生するおそれがあると予想したときには「大雪注意報」が発表される。
波浪注意報	高い波により災害が発生するおそれがあると予想したときに発表される。 この「高波」は、地震による「津波」とは全く別のものである。
高潮注意報	台風や低気圧等による異常な海面の上昇により災害が発生するおそれがあると予想したときに発表される。
濃霧注意報	濃い霧により災害が発生するおそれがあると予想したときに発表される。 対象となる災害として、交通機関の著しい障害などの災害があげられる。
雷 注 意 報	落雷により災害が発生するおそれがあると予想したときに発表される。 また、発達した雷雲の下で発生することの多い突風や「ひょう」による災害についての注意喚起を付加することもある。急な強い雨への注意についても雷注意報で呼びかける。
乾燥注意報	空気の乾燥により災害が発生するおそれがあると予想したときに発表される。 具体的には、火災の危険が大きい気象条件を予想した場合に発表される。
なだれ注意報	「なだれ」により災害が発生するおそれがあると予想したときに発表される。
着氷注意報	著しい着氷により災害が発生するおそれがあると予想したときに発表される。 具体的には、通信線や送電線、船体などへの被害が起こるおそれのあるときに発表される。
着雪注意報	著しい着雪により災害が発生するおそれがあると予想したときに発表される。 具体的には、通信線や送電線、船体などへの被害が起こるおそれのあるときに発表される。
融雪注意報	融雪により災害が発生するおそれがあると予想したときに発表される。 具体的には、浸水、土砂災害などの災害が発生するおそれがあるときに発表される。
霜 注 意 報	霜により災害が発生するおそれがあると予想したときに発表される。 具体的には、早霜や晩霜により農作物への被害が起こるおそれのあるときに発表される。
低温注意報	低温により災害が発生するおそれがあると予想したときに発表される。 具体的には、低温のために農作物などに著しい被害が発生したり、冬季の水道管凍結や破裂による著しい被害の起こるおそれがあるときに発表される。

2　特別警報

　平成25年 8 月30日からは、大雨、暴風、高潮、波浪、大雪、暴風雪の 6 種類の警報の発表基準をはるかに超える豪雨や大津波等が予想され、重大な災害の危険性が著しく高まっている場合、新たに「特別警報」を発表し、最大限の警戒を呼び掛けることとなった。特別警報が出た場合、その地域は数十年に一度しかないような非常に危険な状況にある。周囲の状況や市町村から発表される避難指示などの情報に留意し、ただちに命を守るための行動をとらなくてはならない。

　特別警報には、気象特別警報、地震動特別警報、火山現象特別警報、地面現象特別警報、津波特別警報、高潮特別警報、波浪特別警報がある。

3　防災気象情報と警戒レベル

　平成30年 7 月豪雨で、広島県周辺の中国地方では約250名の死者行方不明者が発生し、約22,000棟の住宅が損壊、約28,000棟が床上・床下浸水した。このため、国は平成31年 3 月から大雨の際に発表される防災情報を 5 段階のレベルに分けて、「避難勧告等に関するガイドライン」を改定し、警戒レベルにより取るべき行動の対応を明確化した。さらに、令和 3 年 5 月20日に施行された災害対策基本法の一部改正により、市町村が発令する避難情報の一部が変更され、従来の「避難勧告」は廃止となり、「避難指示」に一本化された。また、名称も「避難情報に関するガイドライン」となった。

　なお、警戒レベルに応じた避難情報等及び住民が取るべき行動は、次に示すとおりである。

警戒レベル	状況	住民が取るべき行動	行動を促す情報
5	災害発生又は切迫	命の危険　直ちに安全確保！	緊急安全確保※1
		〜〜〜〈警戒レベル4までに必ず避難！〉〜〜〜	
4	災害のおそれ高い	危険な場所から全員避難	避難指示※2
3	災害のおそれあり	危険な場所から高齢者等は避難※2	高齢者等避難※3
2	気象状況悪化	自らの避難行動を確認	大雨・洪水・高潮注意報（気象庁）
1	今後気象状況悪化のおそれ	災害への心構えを高める	早期注意情報（気象庁）

※1　市区町村が災害の状況を確実に把握できるものではない等の理由から、警戒レベル5は必ず発令される情報ではありません。

※2　避難指示は、これまでの避難勧告のタイミングで発令されます。

※3　警戒レベル3は、高齢者等以外の人も必要に応じ、普段の行動を見合わせ始めたり危険を感じたら自主的に避難するタイミングです。

（出典：内閣府ホームページ）

4　指定河川洪水予報

　気象庁は、河川の増水や氾濫などに対する水防活動の判断や住民の避難行動の参考となるように、国土交通省又は都道府県と共同して、あらかじめ指定した河川について指定河川洪水予報を発表する。指定河川洪水予報には、氾濫注意情報、氾濫警戒情報、氾濫危険情報、氾濫発生情報の4つがあり、河川名を付して「○○川氾濫注意情報」「△△川氾濫警戒情報」のように発表される。雨が降りやんで大雨警報等が解除されても、山間部等の降水量によっては河川の氾濫警戒情報が解除されない場合があるので、水防団等は十分注意して災害対策に当たる必要がある。

表9－4　指定河川洪水予報の標題

洪水予報の標題(種類)	発表基準	市町村・住民に求める行動の段階
○○川氾濫発生情報（洪水警報）	氾濫の発生（氾濫水の予報）	氾濫水への警戒を求める段階【警戒レベル5相当】
○○川氾濫危険情報（洪水警報）	急激な水位上昇によりまもなく氾濫危険水位を超え、さらに水位の上昇が見込まれる場合、あるいは氾濫危険水位に到達した場合	いつ氾濫してもおかしくない状態避難等の氾濫発生に対する対応を求める段階【警戒レベル4相当】
○○川氾濫警戒情報（洪水警報）	一定時間後に氾濫危険水位に到達が見込まれる場合、あるいは避難判断水位に到達し、さらに水位の上昇が見込まれる場合	避難準備などの氾濫発生に対する警戒を求める段階【警戒レベル3相当】
○○川氾濫注意情報（洪水注意報）	氾濫注意水位に到達し、さらに水位の上昇が見込まれる場合	氾濫の発生に対する注意を求める段階【警戒レベル2相当】

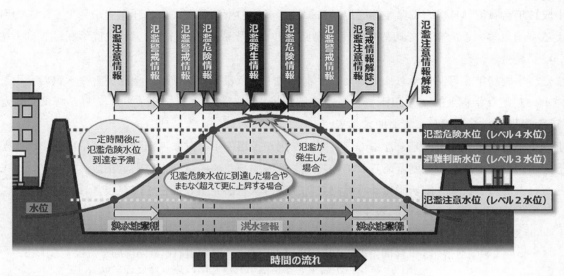

※氾濫水の予報

　　平成17年 7 月の水防法及び気象業務法の改正により、従来の洪水のおそれがあるときに発表する水位・流量の予報に加え、河川が氾濫した後においては浸水する区域及びその水深の予報を行うことになった。

　　平成31年 3 月現在では、利根川及び阿武隈川の一部の区間において、氾濫水の予報を実施している。

（出典：気象庁ホームページ）

5　河川の氾濫・決壊

　　元号が変わった令和元年10月12日、日本に上陸した台風19号（令和元年東日本台風）による災害では死者99人、行方不明者 3 人、16都県の延べ301河川で氾濫が発生し、71河川140か所において河川の決壊が発生した。 8 万7,700棟余で住宅が浸水し、被災面積は 2 万5,000ヘクタールに及び、平成30年の西日本豪雨（河川決壊25河川37か所）を大きく上回った。まさに巨大台風による過去最大の被害となった。この台風豪雨災害では河川の氾濫・決壊が顕著で、新幹線が浸水するといった前代未聞の被害も発生し、滞留して浸水した新幹線車両（12両編成 8 本）はすべて廃車され420億円超えの損害になり、今回の大きな浸水災害で大雨災害時のダムの放流も大きな問題となり、台風では42年ぶりに名前がついた。

長野県千曲川決壊状況

長野市内の長野新幹線車両センター被害状況

（出典：長野県建設部）

6　土砂災害に関する情報

　　土砂災害警戒情報は、大雨による土砂災害発生危険が高まったときに市町村長が防災活動や住民への避難指示等の災害応急対応を適時適切に行えるよう支援するもので、また、住民が自主避難の判断等にも利用できるものである。特に、避難誘導にあたる地域の防災リーダーである消防団員等の二次災害防止を図るうえで、極めて重要な情報である。この土砂災害警戒情報は、平成17年 9 月 1 日（防災の日）から発令されることとなった。

　平成17年台風第14号で宮崎県や鹿児島県において多くの土砂災害による死傷者が発生し、この台風による豪雨災害のとき全国で初めて「鹿児島県土砂災害警戒情報第1号」（平成17年9月5日・10時40分）が発表された。

　また、平成20年5月28日から、大雨及び洪水警報・注意報等の基準に、土砂災害や水害の発生と対応のよい新たな指標として土壌雨量指数、流域雨量指数が導入され、平成29年7月からは、新たに「表面雨量指数」が指標として追加されている。

　土砂災害警戒情報発表の基となるのは、降った雨が土壌の中に貯まった量（貯流量）との関係が深く、降水が土壌中にどの程度蓄えられているかを把握するための量「土壌雨量指数」で、タンクモデルとレーダー・アメダス解析雨量から算出され、次の状態が発生したときに発表される。

表9-5　土砂災害警戒情報の解説

土砂災害警戒情報	大雨警報発表後に各地方気象台が作成する降水短時間予報等による3時間先までの降雨予測を用いて、各都道府県砂防部局が監視する指標と気象台が監視する指標が共に基準に達したときに発表する。

図9-1　土砂災害警戒情報の伝達と提供

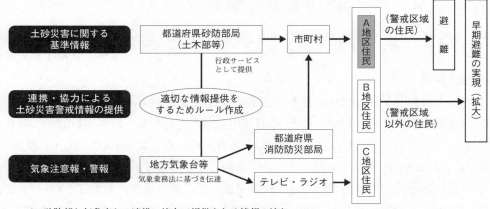

　　　→　砂防部と気象庁との連携・協力で提供される情報の流れ

　なお、平成25年8月30日の特別警報導入後は、土砂災害警戒情報発表後も大雨がさらに降り続き、重大な災害が起こる危険性が非常に高まった場合、「大雨特別警報」が発表されている。

7　風の強さと吹き方

表9-6　風の強さと吹き方（平成29年9月一部改正）

風の強さ（予報用語）	平均風速（m/s）	おおよその時速	速さの目安	人への影響	屋外・樹木の様子	走行中の車	建造物	おおよその瞬間風速（m/s）
やや強い風	10以上15未満	～50km	一般道路の自動車	風に向かって歩きにくくなる。傘がさせない。	樹木全体が揺れ始める。電線が揺れ始める。	道路の吹流しの角度が水平になり、高速運転中では横風に流される感覚を受ける。	樋（とい）が揺れ始める。	20
強い風	15以上20未満	～70km		風に向かって歩けなくなり、転倒する人も出る。高所での作業はきわめて危険。	電線が鳴り始める。看板やトタン板が外れ始める。	高速運転中では、横風に流される感覚が大きくなる。	屋根瓦・屋根葺材がはがれるものがある。雨戸やシャッターが揺れる。	30
	20以上25未満	～90km	高速道路の自動車	何かにつかまっていないと立つ			屋根瓦・屋根葺材が飛散するものがある。固定されていな	

風の強さ	平均風速(m/s)	おおよその時速	人の受けるイメージ	人への影響	屋外の様子	車に乗っていて	建物	
非常に強い風	25以上30未満	～110km		ていられない。飛来物によって負傷するおそれがある。	細い木の幹が折れたり、根の張っていない木が倒れ始める。看板が落下・飛散する。道路標識が傾く。	通常の速度で運転するのが困難になる。	いプレハブ小屋が移動、転倒する。ビニールハウスのフィルム（被覆材）が広範囲に破れる。	40
	30以上35未満	～125km					固定の不十分な金属屋根の葺材がめくれる。養生の不十分な仮設足場が崩落する。	50
猛烈な風	35以上40未満	～140km	特急電車	屋外での行動は極めて危険。	多くの樹木が倒れる。電柱や街灯で倒れるものがある。ブロック壁で倒壊するものがある。	走行中のトラックが横転する。	外装材が広範囲にわたって飛散し、下地材が露出するものがある。	60
	40以上	140km～					住家で倒壊するものがある。鉄骨構造物で変形するものがある。	

(注1) 強風によって災害が起こるおそれのあるときは強風注意報を、暴風によって重大な災害が発生するおそれのあるときは暴風警報を、さらに重大な災害が起こるおそれが著しく大きいときは暴風特別警報を発表して警戒や注意を呼びかける。なお、警報や注意報の基準は地域によって異なる。

(注2) 平均風速は10分間の平均、瞬間風速は3秒間の平均である。風の吹き方は絶えず強弱の変動があり、瞬間風速は平均風速の1.5倍程度になることが多いが、大気の状態が不安定な場合等は3倍以上になることがある。

(注3) この表を使用する際は、以下の点に注意すること。
1. 風速は地形や周りの建物などに影響されるので、その場所での風速は近くにある観測所の値と大きく異なることがある。
2. 風速が同じであっても、対象となる建物、構造物の状態や風の吹き方によって被害が異なる場合がある。この表では、ある風速が観測された際に、通常発生する現象や被害を記述しているので、これより大きな被害が発生したり、逆に小さな被害にとどまる場合もある。
3. 人や物への影響は日本風工学会の「瞬間風速と人や街の様子との関係」を参考に作成している。今後、表現など実状と合わなくなった場合には内容を変更することがある。

8 雨の強さと降り方

　「集中豪雨」とは、短時間のうちに狭い地域に集中して大量の雨が降ることをいう。集中豪雨は梅雨の時期や台風シーズンに発生しやすく、狭い地域に限定して起こる現象であるため、予測が難しい面がある。最近は1時間に100mm近い雨が降ることも珍しくなくなっており、洪水やがけ崩れなどで大きな被害がでることもある。山沿い、河川敷、扇状地、造成地などに住んでいる人は、特に警戒が必要である。また、都市部の市街地が冠水する都市型水害も増える傾向にあるので、都市周辺に住む人も油断してはいけない。

表9－7　1時間に降る雨量の目安

1時間雨量(ミリ)	予報用語	人の受けるイメージ	人への影響	屋内（木造住宅を想定）	屋外の様子	車に乗っていて
10～20	やや強い雨	ザーザーと降る。	地面からの跳ね返りで足下が濡れる。	雨の音で話し声がよく聞き取れない。	地面一面に水たまりができる。	
20～30	強い雨	どしゃ降り	傘をさしていても濡れる。	寝ている人の半数くらいが雨に気づく。		ワイパーを速くしても見づらい。
30～50	激しい雨	バケツをひっくり返したように降る。			道路が川のようになる。	高速走行時、車輪と路面の間に水膜が生じブレーキが効かなくなる（ハイドロプレーニング現象）。

| 50〜80 | 非常に激しい雨 | 滝のように降る（ゴーゴーと降り続く）。 | 傘は全く役に立たなくなる。 | | 水しぶきであたり一面が白っぽくなり、視界が悪くなる。 | 車の運転は危険。 |
| 80〜 | 猛烈な雨 | 息苦しくなるような圧迫感がある。恐怖を感ずる。 | | | | |

（注1）　大雨によって災害が起こるおそれのあるときは大雨注意報や洪水注意報を、重大な災害が起こるおそれのあるときは大雨警報や洪水警報を、さらに重大な災害が起こるおそれが著しく大きいときは大雨特別警報を発表して警戒や注意を呼びかける。なお、警報や注意報の基準は地域によって異なる。

（注2）　数年に一度程度しか発生しないような短時間の大雨を観測・解析したときには記録的短時間大雨情報を発表する。この情報が発表されたときは、お住まいの地域で、土砂災害や浸水害、中小河川の洪水害の発生につながるような猛烈な雨が降っていることを意味している。なお、情報の基準は地域によって異なる。

9　台風に関する情報

　気象庁が発表する台風情報は、次に示すとおりである。台風情報は、気象庁のホームページで確認することができる（https://www.jma.go.jp/jma/index.html）。

表9－8　台風情報の種類

種　　　類		内　　　容
台風経路図（実況と5日先までの予報）		台風及び24時間以内に台風になると予想される熱帯低気圧の実況、予報等
暴風域に入る確率	分　布　図	5日先までの3時間ごとの確率分布及び24時間ごとの積算確率分布
	地域ごとの値	5日先までの3時間ごとの確率及び24時間ごとの積算確率の時系列グラフ
気象庁本庁発表「台風に関する気象情報（全般台風情報）」	位置情報	台風及び24時間以内に台風になると予想される熱帯低気圧の実況、予報等
	総合情報	防災上の注意事項、上陸情報等
各地の気象台/測候所発表「台風に関する気象情報」		各地の気象台や測候所が発表する、地域に特化した防災上の注意事項等

　このうち、台風経路図では、台風（発達する熱帯低気圧を含む。）の存在位置と進路予報が表示される。

図 9 － 2　台風経路図の例

（出典：気象庁ホームページ）

⑴　台風の階級表現
　台風の「大きさ」は、風速15m/s以上の強風域の半径で、「強さ」は中心付近の最大風速で決定される。それぞれの階級表現は表 9 － 9 のとおりである。
　台風情報の中では、「大型で強い台風」などと表現される。単に「強い台風」というときは、強風域の半径が500km未満で中心付近の最大風速が33〜43m/sということ。

表9−9　台風の階級表現

大きさ

階　級	強風域の半径
〈表現なし〉	500km未満
大型	500km以上 800km未満
超大型	800km以上

強さ

階級	最大風速
〈表現なし〉	33m/s未満
強い	33m/s以上 44m/s未満
非常に強い	44m/s以上 54m/s未満
猛烈な	54m/s以上

図9−3　台風の大きさの分類
台風に伴う風速15m/s以上の領域の半径を基準にして決める

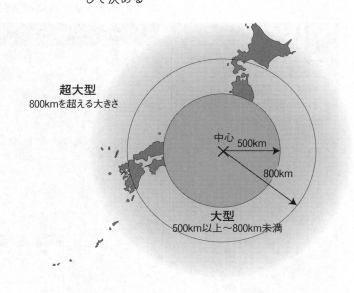

超大型
800kmを超える大きさ

中心　500km
800km
大型
500km以上〜800km未満

(2)　台風接近時の注意事項

台風が接近するとき、暴風や高潮などによる甚大な災害が発生することがある。しかし、台風がもたらす暴風の吹き方や雨の降り方、高潮発生のメカニズムなどを理解することで効果的・効率的な防災対策が行える。防災対策を行う上で、以下の項目を参考にするとよい。

① 台風の速度が速いとき、台風の進行方向の右側では風が強く吹く。

② 台風が九州の東海上を通過するとき、九州山地の東側では雨量が多くなる。（山地による地形効果）

③ 台風が西側を通過するときは、時計回りに風向が変化し、東側を通過するときは、反時計回りに風向が変化する。

④ 台風の強い風が海岸に向かって吹くとき、高潮による海面の上昇に加えて、暴風によって発生する高波が打ち寄せて、海面が一層高くなる。

なお、風については、台風に限らず次の事項に注意すること。

① 気象庁が用いる「最大風速」とは「10分間平均風速の最大値」のこと。

② 陸上では最大瞬間風速が、最大風速の約1.5倍〜3倍になる。

③ 風速が2倍、3倍となると、風圧は4倍、9倍と大きくなる。

第 3 章　地震のメカニズム

1　地震の揺れ

　1923年（大正12年）9 月 1 日に関東南部を襲った大地震（関東大震災）は、マグニチュード7.9、被害の状況は、死者99,331人、負傷者103,733人、行方不明者43,476人、家屋の焼失447,128棟、全壊家屋128,266棟で、地震発生と同時に出火延焼した火災により東京市(現東京都23区)全体の70％が焼失した。この地震はプレート型地震といわれている。1995年(平成 7 年) 1 月17日に関西地方を襲った兵庫県南部地震は、マグニチュード7.3、被害の状況は、死者6,434人、負傷者43,792人、行方不明者 3 人、家屋の焼失6,148棟、全壊家屋104,906棟で活断層が横ずれを起こした地震として知られている。また、我が国において最大級の地震となった2011年（平成23年）3 月11日14時46分に発生した三陸沖を震源とするマグニチュード9.0の巨大地震は、震度階級で最大となる震度 7 が宮城県栗原市で観測された。また、宮城県、福島県、茨城県、栃木県の広範囲で震度 6 強などの強い揺れが観測され、死者19,759人、行方不明者2,553人もの被害者を出した(令和 4 年 3 月 1 日現在、消防庁被害報)。この地震により太平洋沿岸を中心に10m〜21mの高い津波を観測した。特に東北地方から関東地方の太平洋沿岸では大津波警報が発令され、過去に経験のない想像を絶する大被害となった。気象庁では、この地震を「平成23年東北地方太平洋沖地震」と命名し、東北地方太平洋沖地震による災害及びこれに伴う東京電力福島原子力発電所事故による災害については、「東日本大震災」と呼称することとした。

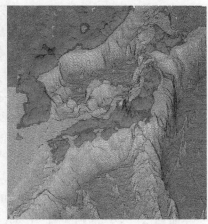

図 9 － 4　日本列島プレート

　地震とは、地中深くの岩盤が急激に破壊されることにより起こる揺れである。地震発生の原因は、大きく分けるとプレートという地球を覆っている岩盤の境界で発生するプレート間地震とプレートの内部で発生する地震（活断層など）に分類できる。地球の表面は、十数枚のプレートという厚さ約100kmの岩盤で覆われている。日本列島は、4 枚のプレートの境目の上に位置しており、このプレートがひしめき合い年間に数センチの歪みをため込んでいることから必然的に地震の発生率が非常に高く、地震国の宿命を担っている。

　気象庁が発表する震度階級は、震度 0 〜 7 の10段階で分類されている。

2　活断層地震

　2016年（平成28年）4 月14日と約30時間後の 4 月16日に熊本県熊本地方を震源としたマグニチュード6.5（深さ11km）とマグニチュード7.3（深さ12km）の震度 7 の地震が連続して熊本県益城町及び西原村で発生した。この地震は観測史上初めて震度 7 が連続して観測された地震である。被害状況は、

熊本地震において畑がずれた地表地震断層

死者273人、重傷者1,203人、軽傷者等1,606人、全壊家屋8,667棟、半壊家屋34,719棟、一部破損163,500棟（平成31年4月12日現在）で、ほとんどが熊本県内で被害を生じた。

　1995年（平成7年）兵庫県南部地震（阪神・淡路大震災）と同様の直下型の活断層地震で、深度が浅いことからほとんどの家屋等が崩壊し、道路、電気、通信施設などのインフラ設備にも多大な被害が生じることが今回の熊本地震で理解できた。今回の地震は、深度が浅く震度5強以上が12回、体に感じる震度1以上が4,123回も半年間で観測され、防災機関や避難者などの災害対策に大きな影響を与えた。

　活断層とは、断層のうち近年の地質時代（数十万年間）に繰り返しずれた形跡ができ、今後もずれる可能性があるとされており、プレートの運動により地殻にひずみが一定の速度で蓄積され、ある限界に達すると断層がずれてきて、ひずみは解消され、これを地震と呼ぶ現象としている。活断層の発生確率は、平均活動間隔、そのばらつきの程度、最新の活動時期から計算されている。1995年の兵庫県南部地震を起こした六甲断層系の野島断層の発生確率は30年以内で8％であった。「活断層」は、断層が生きていて常に動いているような印象を受けるが、いつもは活断層は静穏であって、何の動きもしない。しかし、数千年から、場合によっては数万年に一度、突然動くことによって大きな地震を発生させる。活断層の動きは間欠的で、その活動周期は非常に長いといわれている。我が国では、地形学者や地質学者によって、全国の活断層の分布調査がすでになされており、2,000を超える活断層がリストアップされている。これらの活断層は、長年にわたる断層運動によってずれの量が蓄積されていく速度（活断層の活動度）により、次のように階級分けされている。日本全体では、活動度A級の活断層が約100、B級の活断層が約750、C級の活断層が約450あることが知られている。

　大規模な地震の被災者には、緊急活動を要求される消防団員も含まれており、地震時の人命救助は極めて困難となる。このため、地震災害発生時には緊急消防援助隊の早急な活動が行われ、熊本地震でも1都2府17県から1,644部隊5,497人が出動した。県外など遠方からの出動中には、消防部隊が減少するため、消防力が不足することから消防団は、今後、さらに活動が要求されるため、常備消防との防災対策の強化策を事前検討しておくことが大切である。

3　緊急地震速報

　緊急地震速報は、平成19年10月1日から気象庁が一般の住民へ情報提供をしているものである。地震波が2点以上の地震観測点で観測され、最大震度が5弱以上又は最大長周期地震動階級が3以上と予想された場合に発表される。地震波には、伝播速度が速いプライマリ波（P波：約7km/秒）と、大きな揺れを起こす伝播速度の遅いセカンダリ波（S波：約4km/秒）がある。緊急地震速報は、震源地付近で検知したP波の初動データを使い、震源地情報をコンピューターで解析し、S波による強い揺れが来ることを事前に告知する情報である。P波の発生検知からS波到達までには、数秒から数十秒あると言われており

阪神・淡路大震災

日本の主な断層分布図

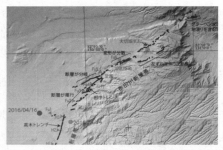
熊本県布田川断層帯・日奈久断層帯活動図

図9-5　震源地と到達地の関係

震源地からの距離が遠いとS波の到達までに時間ができる。

　警戒情報などを発することで地震による死傷者は大幅に軽減できると考えられている。この速報は、震源地から出たP波を気象庁等の観測点で感知しS波の到達時間を計算し伝達するシステムである。
　なお、震源地が近い場所ではS波の到達時間を予測する前に揺れが到達してしまうので、これにより海溝型地震の場合は、ある程度の地震到達予測ができるが直下型地震の場合はこの機能を果たすことはできない。なお、平成23年3月11日に発生した東北地方太平洋沖地震の発生以降、活発な地震活動に伴い、地震データなど、今後の見直し改善が検討されている。

図9－6　震度と揺れ等の状況（概要）

0 [震度0]
人は揺れを感じない。

1 [震度1]
屋内で静かにしている人の中には、揺れをわずかに感じる人がいる。

2 [震度2]
屋内で静かにしている人の大半が、揺れを感じる。

3 [震度3]
屋内にいる人のほとんどが、揺れを感じる。

4 [震度4]
◎ほとんどの人が驚く。
◎電灯などのつり下げ物は大きく揺れる。
◎座りの悪い置物が、倒れることがある。

5弱 [震度5弱]
◎大半の人が、恐怖を覚え、物につかまりたいと感じる。
◎棚にある食器類や本が落ちることがある。
◎固定していない家具が移動することがあり、不安定なものは倒れることがある。

5強 [震度5強]
◎物につかまらないと歩くことが難しい。
◎棚にある食器類や本で落ちるものが多くなる。
◎固定していない家具が倒れることがある。
◎補強されていないブロック塀が崩れることがある。

6弱 [震度6弱]
◎立っていることが困難になる。
◎固定していない家具の大半が移動し、倒れるものもある。ドアが開かなくなることがある。
◎壁のタイルや窓ガラスが破損、落下することがある。
◎耐震性の低い木造建物は、瓦が落下したり、建物が傾いたりすることがある。倒れるものもある。

耐震性が高い　　耐震性が低い

6強 [震度6強]
◎はわないと動くことができない。飛ばされることもある。
◎固定していない家具のほとんどが移動し、倒れるものが多くなる。
◎耐震性の低い木造建物は、傾くものや、倒れるものが多くなる。
◎大きな地割れが生じたり、大規模な地すべりや山体の崩壊が発生することがある。

耐震性が高い　　耐震性が低い

7 [震度7]
◎耐震性の低い木造建物は、傾くものや、倒れるものがさらに多くなる。
◎耐震性の高い木造建物でも、まれに傾くことがある。
◎耐震性の低い鉄筋コンクリート造の建物では、倒れるものが多くなる。

耐震性が高い　　耐震性が低い

第4章　津波のメカニズム

　2004年12月26日、インドネシアスマトラ島沖で発生したマグニチュード9の大地震で、高さ約30メートルの大津波が発生し、12か国で死者154,500人、行方不明者142,100人の被害が発生した。津波は「TSUNAMI」と表され世界共通語である。日本では1896年明治三陸地震津波において、22,066人の死者が発生している。また、1960年の南米チリ沿岸で発生したマグニチュード9.5の巨大地震では、津波が約22時間かけて地球の裏側に当たる日本に到達し、南三陸を中心に142人が犠牲となった。2011年の東北地方太平洋沖地震でも明らかになったように、津波を起こす地震は、海底の沈み込むプレートで発生することが多い。プレート間地震といわれ境界の断層が急激にずれることによって発生するものである。一般的には、海底の地形を1分以内に変化させ、この地形が急激に変化した部分を「波源域」と呼び、そのときに隆起した部分が波の山、沈降した部分が波の谷となって津波が発生し、陸に到達し大きな被害をもたらすものである。津波は、水深が浅くなるほど、また湾の狭くなるところほど波が高くなる。気象庁では、全国の海岸線を66か所に分け津波警報・注意報を発令している。気象庁が発表する津波警報・注意報の種類は表9－10のとおりである。

表9－10　津波警報・注意報の分類と、とるべき行動

	予想される津波の高さ		とるべき行動	想定される被害
	数値での発表（発表基準）	巨大地震の場合の表現		
大津波警報（特別警報）	10m超（10m＜高さ）	巨大	沿岸部や川沿いにいる人は、ただちに高台や避難ビルなど安全な場所へ避難してください。津波は繰り返し襲ってくるので、津波警報が解除されるまで安全な場所から離れないでください。 ここなら安心と思わず、より高い場所を目指して避難しましょう！	木造家屋が全壊・流失し、人は津波による流れに巻き込まれる。
	10m（5m＜高さ≦10m）			
	5m（3m＜高さ≦5m）			
津波警報	3m（1m＜高さ≦3m）	高い		標高の低いところでは津波が襲い、浸水被害が発生する。人は津波による流れに巻き込まれる。
津波注意報	1m（20cm≦高さ≦1m）	（表記しない）	海の中にいる人は、ただちに海から上がって、海岸から離れてください。津波注意報が解除されるまで海に入ったり海岸に近付いたりしないでください。	海の中では人は速い流れに巻き込まれる。養殖いかだが流失し小型船舶が転覆する。

1　発生原因
・海底の断層の変動（地震）や海底火山の噴火、大規模な土砂崩壊など

2　津波の種類
　○長周期のタイプ
・チリ地震津波（1960年）のように震源が遠い地震では、じわじわ水位が上昇する。
　○短周期タイプ
・東海地震のように震源が近い地震では、段波状に襲ってくる場合もある。

図9－7　津波のメカニズム

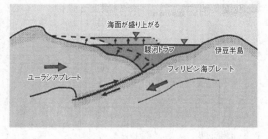
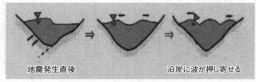

3　津波の伝播の特徴

・津波は1波、2波、3波と繰り返し襲ってくる。

・少なくとも12時間以上は警戒が必要。

・必ずしも第1波が最大とは限らない。

4　津波の伝わる速さ

　津波は海が深いほど速く伝わる性質があり、沖合ではジェット機に匹敵する速さで伝わる。逆に、水深が浅くなるほど速度が遅くなるため、津波が陸地に近づくにつれ後から来る波が前の津波に追いつき、波高が高くなる。水深が浅いところでも短距離走選手なみの速さで陸上に押し寄せてくるので、普通の人が走って逃げ切れるものではない。津波から命を守るには、津波が海岸にやってくるのを見てから避難を始めたのでは間に合わないので、海岸付近で地震の揺れを感じたり津波警報の発表を聞いたら速やかに避難する。

$$津波の速さ（秒速）＝\sqrt{9.8×水深（m）}$$

　（例）　水深5,000mでは、約800km/時　（飛行機の速さ）

　　　　　500mでは、約250km/時　（新幹線の速さ）

　　　　　10mでは、約36km/時　（100m走の日本記録の速さ）

図9－8　津波の伝わる速さ

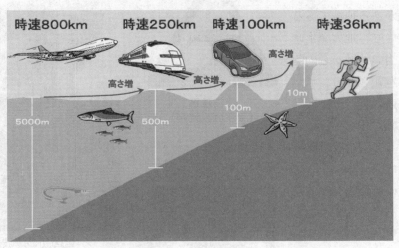

平成23年東北地方太平洋沖地震による津波災害
(町のほとんどが消滅した宮城県南三陸町志津川)

5　津波避難に係る標準的記号

　　津波による被害軽減の基本は、「避難すること！」であり海岸沿線を有する市町村の消防団は地域防災計画に定められた避難場所や避難経路を十分把握しておき、地域住民や観光客を迅速的確に誘導することが極めて重要である。過去に津波被害が発生した市町村等では防潮堤や津波水門、河川堤防等の津波防災施設などハード面の整備が促進されているが、全国的に津波対策が喫緊の課題であることから、スマトラ沖大津波などを教訓に、平成17年から「津波避難タワー」が全国各地において設置されはじめた。

　　また、これと同様に津波に係る標準的記号にあっては、平成20年7月に国際規格（ISO）化され、平成21年3月には日本工業規格（現：日本産業規格）（JIS）化されており、「津波注意」、「津波避難場所」、「津波避難ビル」の3種類の図記号が掲示されることとなった。

(1)　津波注意

○図記号の意味

　　地震が起きた場合、津波が来襲する危険がある地域を示す。

○図記号の目的

　　当該地域が津波による被害を被る危険がある地域であることを認識させ、地震発生時には直ちに当該地域から内陸部、高台に避難させる。

津波注意
（津波危険地帯）

(2)　津波避難場所

○図記号の意味

　　津波に対して安全な避難場所・高台を示す。

○図記号の目的

　　津波からの避難先となる安全な場所や高台を示すとともに、地震発生時には、そうした避難場所へ向かわせるもの。

津波避難場所

(3)　津波避難ビル

○図記号の意味

　　津波に対して安全な避難ビルを示す。

○図記号の目的

　　津波からの避難に際し、近くに高台がない場合、津波からの避難が可能な、原則としてRC又はSRC構造の鉄筋コンクリート造3階建以上のビルを示すとともに、地震発生時に避難ビルへ向かわせるもの。

津波避難ビル

全国初の津波避難タワー
（三重県志摩市）

電柱などに掲示されている図記号

第5章 水害対策

第1節 水害のメカニズム

水害には、いろいろの種類があって、その災害の内容によって、その定義も変わってくる。水害発生のメカニズムは地上に降った雨水が陸地から海に流れ出るまでに引き起こされる災害と考えられる。雨が地上に降ってから海に流れ出るまでの経路とそこで起きる水害のタイプを図式化すると図9－9のとおりである。

図9－9

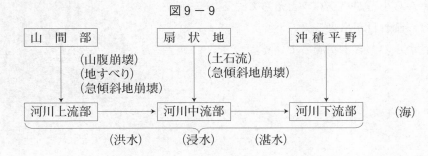

1 河川上流における水害

山間部ではおおむね、次のような災害が発生する。

- (1) 山腹崩壊
- (2) 地すべり
- (3) 急傾斜地崩壊
- (4) 土石流
- (5) 鉄砲水

通常、土石流を指している場合が多いが、落ち葉や枯れ枝の堆積物によって、ダムアップされた水だけが急激に流出することをいう。

博多駅周辺を浸水させた河川上流部の土石流

2　土砂災害の種類と特徴

　土砂災害の種類には、「がけ崩れ」「土石流」「地すべり」などがある。「急傾斜地の崩壊」を一般的にがけ崩れという。原因には、大雨・台風等の豪雨のほか、地震、火山噴火や積雪、融雪によって起こる土砂災害もある。

(1)　がけ崩れ

　雨水や雪解け水などの地中にしみ込んだ水分が土の抵抗力を弱め、雨や地震などの影響によって急激に斜面が崩れ落ちること。

（予兆現象）

　①がけから小石がパラパラと落ちてくる。

　②がけに割れ目が出来る。

　③がけからのわき水が濁っている。

図9－10　がけ崩れ

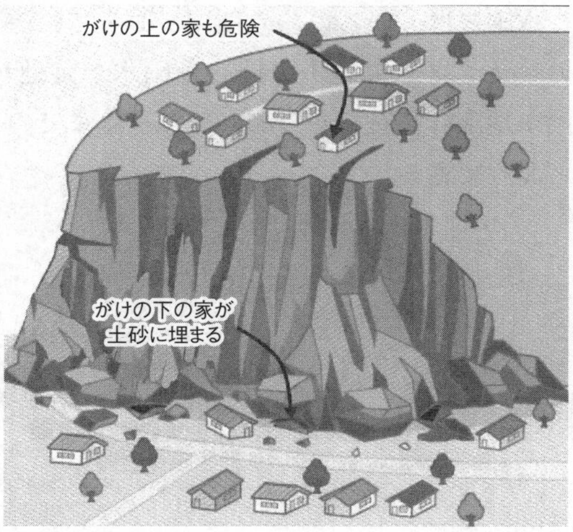

(2)　土石流

　山腹、川底の石や土砂が長雨や集中豪雨などによって一気に下流へと押し流されたものをいう。

　たいてい大雨が原因で起きるが、地震で崩れた土が川にたくさん入ったり、雪解け水が土砂と混じったりしても起きる。また、火山の噴火の後、積もった火山灰に雨が降って起きる土石流もある。

（予兆現象）

　①山鳴りがする。

　②川の流れが急に濁ったり、土砂が混じり始める。

　③雨が降り続いているのに、川の水かさが減り始める。

図9－11　土石流

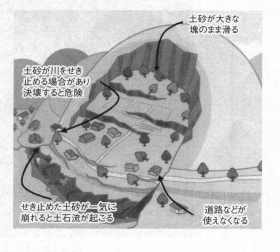

(3)　地すべり

　山腹など比較的なだらかな斜面で発生し、弱い地質（地層・断層）と降雨（地下水）、地震などの影響によって、滑りやすい地層を境に地面がそっくり滑り出す。一日に数mm程度と目に見えないほどであるが、突然、一気に数mも動くことがある。地すべりは広い範囲で起きるため、家や田畑、道路や鉄道などが、一度に大きな被害を受ける。

（予兆現象）

　①地面にひび割れが出来る。

　②地面の一部が落ち込んだり、盛り上がったりする。

　③池や沼の水かさが急に変わる。

　④井戸の水が濁る。

図9－12　地すべり

3　河川中流部及び河川下流部における水害

(1)　洪水

　　大雨や雪解けなどによって河川流量が普段より増大したり、氾濫すること。

　　このため、①水があふれる、②浸透（漏水）、③深掘れなどの被害が生じる。

(2)　浸水

　　洪水による氾濫によって住宅や田畑、道路が水に浸かることである。

(3)　湛水

　　浸水後、長期にわたって水が引かないことである。

都市中心部の浸水

地下鉄駅内への浸水

第2節　水防の責任

1　水防の責任

　水防の責任とは、水防を十分に実施すべき行政上の責任をいい、具体的には、水防法の定めるところにより、水防組織を整備し、水防活動を行い、水防施設、器具、資材を整備することなど、水防に関するあらゆる準備行為を行っておくことをいう。

　水防責任は、一次的には水防管理団体（市町村）に帰属するものであるが、国、都道府県も直接的に補完的に水防の責任を分担する。

(1)　国の責任（災害対策基本法第3条参照）

(2)　都道府県の責任（災害対策基本法第4条及び水防法第3条の6参照）

(3)　市町村の責任（災害対策基本法第5条並びに水防法第3条参照）

2　水防団

　水防に関する実働部隊として水防管理団体（市町村）に水防団が設置されているが、消防団員が水防団員を兼ねている場合がほとんどで、専任の水防団員はわずかである。

3　消防機関の行動

　水防は消防機関の任務であり、実際の水防活動は消防職員と消防団員により行われる。

　この際の行動は、水防管理者の所轄の下に行動することとなる。

第3節　水防計画

　都道府県知事及び指定水防管理団体の管理者は、水防計画を定めなければならない。

　水防計画に定める内容は、「水防上必要な監視、警戒、通信、連絡、輸送及びダム又は水門若しくは閘門の操作、水防のための水防団及び消防機関の活動、水防管理団体相互間の協力応援、水防に必要な器具、資材及び設備の整備、運用」である。

第4節　気象情報等の伝達

　水災及び土砂災害による被害を防止、軽減するため洪水予報河川、水位情報周知河川を指定し水位情報の通知及び周知を行うとともに、浸水想定区域が指定される。

　また、水位情報周知河川に指定した河川においては、水防法に基づく「浸水想定区域図」が公表されている。これらの場所には、ハザードマップ等を作成し、周知の徹底が図られる。

　平成12年5月に制定された「土砂災害警戒区域等における土砂災害防止対策の推進に関する法律」（以下「土砂災害防止法」という。）に基づき、土砂災害警戒区域を指定し、「洪水予報」及び「土砂災害警戒情報」が一般の気象情報と併せて伝達される。

1　予報等の伝達

図9—13　予報等の伝達図

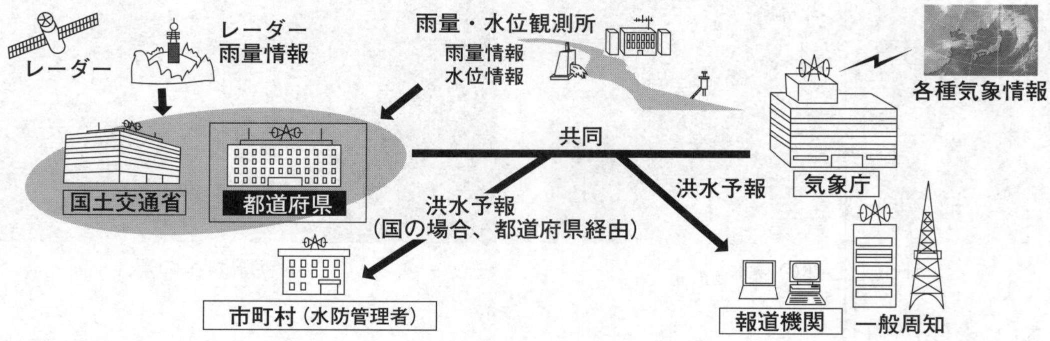

第5節　土砂災害警戒区域の指定

　土砂災害防止法とは、土砂災害から国民の生命を守るため、土砂災害のおそれのある区域等について、危険の周知、警戒避難体制の整備、住宅等の新規立地抑制などの対策を推進するものである。

　平成11年6月29日の集中豪雨では広島市西部を中心に相次いで発生した土石流やがけ崩れにより、24名もの尊い命が犠牲となり、私たちの暮らしに大きな被害をもたらした。

　この災害を契機として、平成12年5月に土砂災害防止法が公布された。

　国民の生命や身体を守るため、土砂災害防止工事等により安全な状態にしていくには、膨大な時間と費用が必要となる。このため、土砂災害防止工事の推進に併せて、土砂災害の危険性のある区域を明らかにし、国民に知らせるとともに、その中で警戒避難体制の整備や住宅等の新規立地抑制を図る対策を充実させることが不可欠となっている。

　この法律では、まず土砂災害により被害を受けるおそれのある区域等について、基礎調査（地形、地質、土地利用状況などの調査）を実施し、知事は、基礎調査の結果を踏まえ、市町村長の意見を聴いて、土砂災害のおそれのある区域（土砂災害警戒区域「イエローゾーン」）及び土砂災害により建築物に損壊が生じ、住民に著しい危害が生じるおそれがある区域（土砂災害特別警戒区域「レッドゾーン」）を指定することができるとされた。

　区域指定されると、土砂災害警戒区域では警戒避難体制を整備し、土砂災害特別警戒区域では住宅等の新規立地の抑制などが行われる。

　土砂災害防止法において土砂災害とは、①急傾斜地の崩壊、②土石流、③地すべり、④湛水をいう。

図9-14 土砂災害警戒区域の指定

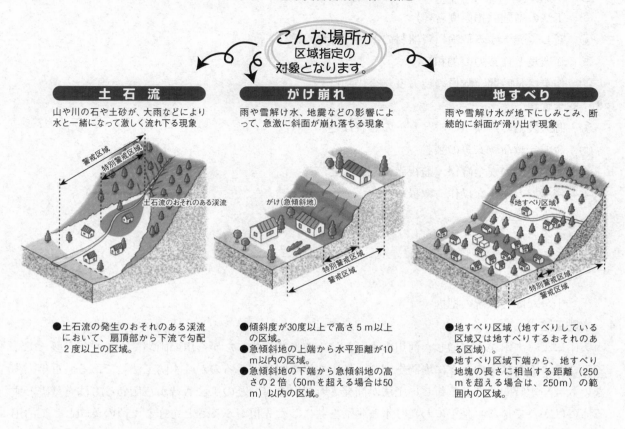

こんな場所が区域指定の対象となります。

土石流
山や川の石や土砂が、大雨などにより水と一緒になって激しく流れ下る現象

●土石流の発生のおそれのある渓流において、扇頂部から下流で勾配2度以上の区域。

がけ崩れ
雨や雪解け水、地震などの影響によって、急激に斜面が崩れ落ちる現象

●傾斜度が30度以上で高さ5m以上の区域。
●急傾斜地の上端から水平距離が10m以内の区域。
●急傾斜地の下端から急傾斜地の高さの2倍（50mを超える場合は50m）以内の区域。

地すべり
雨や雪解け水が地下にしみこみ、断続的に斜面が滑り出す現象

●地すべり区域（地すべりしている区域又は地すべりするおそれのある区域）。
●地すべり区域下端から、地すべり地塊の長さに相当する距離（250mを超える場合は、250m）の範囲内の区域。

第6節　水災防ぎょ

1　水防時の出動

　水防管理者は、水防警報が発せられたとき、又は水位が都道府県知事の定める氾濫注意水位に達したとき、その他水防上必要があると認めるときは、都道府県水防計画で定めるところにより、水防団及び消防機関（以下「水防機関」という。）を出動させ、又は出動の準備をさせなければならない（水防法第17条参照）。

（1）　水防非常配備態勢

　水防管理者が、管下の水防機関等を非常配備につかせるについては、都道府県水防本部員の非常配備に準じて実施するものとし、水防管理者はあらかじめ、水防計画書等により、その態勢を整備しておかなければならない。

（2）　都道府県の非常配備計画例（各水防管理団体はこれに準ずる。）

　①　第1非常配備態勢（少数人員～情報収集）

　②　第2非常配備態勢（約半数人員を動員～水防準備態勢）

　③　第3非常配備態勢（全員数を動員～完全水防態勢）

2　水防活動要領

　水防活動を的確かつ迅速に行うためには、「事前の綿密な計画と十分な準備」、「水防に必要な情報の把握」、「事象に適応した処置（水防工法の決定）」などが重要である。

3　水防作業要領

　水防作業は、水害発生時に際し、堤防の決壊の未然防止、又は堤防の決壊口の拡大防止等のために応急的に実施する作業であり、その作業の良否により被害の軽重が決定される。

（1）　工法の決定と実施

　①　水防工法の決定（現況、原因、危険度合い、資器材により決定）

②　工法開始の時期（作業時間、作業能力と状況判断）

③　工法の増強（損傷度合い）

④　新しく発生する危険（資器材の予備、隊員の確保）

⑤　作業量と作業力の調和

⑥　作業は長時間（隊員の疲労度と交代制）

(2)　安全管理

①　個人装備の点検（ヘルメットの装着など）

②　命綱、救命胴衣等の装着

③　活動場所の安全確保（監視者の配置など）

④　資器材の適正な操作、取扱い

(3)　活動上の注意事項

①　安全を第一とした活動

②　指揮命令に従った組織行動

③　迅速な情報伝達

④　十分な周辺状況の把握

4　水防工法

　大雨によって水かさが増した河川の水は、様々な形で変化しながら川の両端である堤防を襲ってくる。このような状況のときに堤防を守り、被害を最小限に抑えるのが「水防工法」である。近年、少ない人数や短時間でできる新しい工法が開発されているが、どの工法も昔から伝わる方法を基礎とするものばかりである。長年にわたり水と生活を共にした先祖がふるさとを守るための英知として活用してきた水防工法には次のような方法があり、継承されている。

(1)　堤防の決壊の原因と過程（図示）

図9—15　堤防から水があふれ決壊

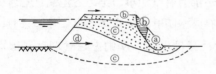

図9—16　漏水による堤防の決壊

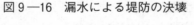
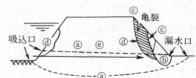

図9—17　深掘れによる堤防の決壊

図9—18　堤防斜面の崩れによる堤防の決壊

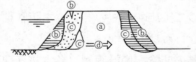

◎　長時間の高水位により堤体が多量の水分を含む。

図9—19　亀裂による堤防の決壊

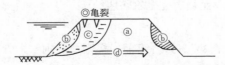

◎　亀裂部に雨水等が流入し堤体の含水量が増大する。

(2) 被害と対応工法と効果

■深掘れ：こんなときは　➡ **こんな工法で** ────────────────────────➡ **こんな効果が**

　　　　　　　　　　　　■木流し　　　　　　**■シート張り工**

川の水が激しく堤防をたたき、削られていく状態。

枝葉のよく茂った木に、土のうを重しとして結びつけて川に流すことで、川の流れの勢いを弱め、堤防が削られるのを防ぐ。

防水シートの先に、土のうを重しとして取り付けて法面に設置。深掘れと同時に透水もブロック。

堤防がそれ以上削られない。

■亀裂：こんなときは　➡ **こんな工法で** ────────────────────────➡ **こんな効果が**

　　　　　　　　　　　　■五徳縫い工　　　　　**■繋ぎ縫い工**

川の水の圧力に堤防が押され、ヒビがはいる。

竹の弾力で亀裂箇所を両側からしめつける。

鉄線と土のうでヒビ割れ箇所をしめつける。

堤防のヒビ割れ箇所が拡大するのを防ぐ。

■漏水：こんなときは　➡ **こんな工法で** ────────────────────────➡ **こんな効果が**

　　　　　　　　　　　　■釜段工　　　　　　**■改良釜段工**

堤防に水がしみ込み、堤防の裏から水が漏れてくる状態。

水が噴き出したところを中心に円形に土のうを積み、そのためた水の圧力で、ふき出す水の勢いを弱める。

釜段工と同じ原理で土のうの代わりに鋼製パネルを組んで水をため、ふき出してくる水の勢いを弱める。

漏れてくる水の勢いを弱め、堤防にあいた穴が広がるのを防ぐ。

■水があふれる：こんなときは　➡ **こんな工法で** ──────────────────➡ **こんな効果が**

　　　　　　　　　　　　　　■土のう積み工　　　**■簡易パラペット工**

堤防を越えて水があふれてしまう状態。

土のうを積み、堤防の高さを上げて水があふれるのを防ぐ。

ガラス繊維の板でできた組立式の人工堤防。短時間、少人数で設置することができる。

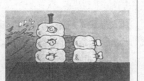
洪水が堤防を越えてあふれないようにする。

■決壊：こんなときは　➡ **こんな工法で** ────────────────────────➡ **こんな効果が**

　　　　　　　　　　　　■杭打ち積み土のう　　**■築き廻し工**

堤防が崩れていく状態。

杭を打ち込み、崩れたところに土のうを積み上げ、堤防裏法面の崩れの拡大を防ぐ。

竹を編んで柵をつくり、内側に土のうを詰めて、堤防に厚みをもたせる。

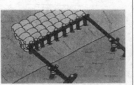
堤防を補強し、崩れている部分の拡大を防ぐ。

(3)　水防工法の種類と実戦方法

土のうの作成

拵え方：土のうに土砂を30kg〜50kgぐらい均等に詰め、袋のはしに出ているひもを引いて袋
　　　　口をしぼる。しぼり終えたら、ひもを2〜3回まわしてひもの出口を上から下へ通し、
　　　　引いて締める。

図9—20

土のう造成機

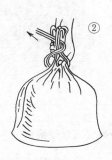

木流し工法

目　的：急流部において流水を緩和して堤防の川側堤腹崩壊の拡大を防止する。また、緩流部
　　　　においても波欠けの防止に使われる。

拵え方：枝葉の繁茂した樹木（又は竹）を根元から切り、枝に重り土のう（又は石俵）を付け、
　　　　根元は鉄線で縛り、その一端を留杭に結束して、上流より流しかけて崩壊面に固定さ
　　　　せる。

図9—21

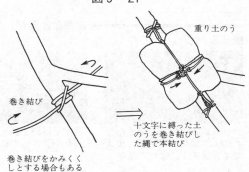

重り土のう

巻き結び

十文字に縛った土
のうを巻き結びし
た縄で本結び

巻き結びをかみくく
しとする場合もある

図9—22　上流側おもり土俵の連結方法

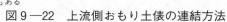

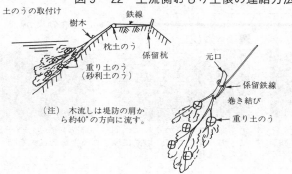

土のうの取付け
樹木
鉄線
枕土のう
係留杭
重り土のう
（砂利土のう）
元口
係留鉄線
巻き結び
重り土のう

（注）木流しは堤防の肩か
　　　ら約40°の方向に流す。

改良木流し工法
朝倉町消防団

表むしろ張り

目　的：川側の堤防斜面の崩壊及び透水を防止する。

拵え方：崩壊面の大きさに応じ、むしろを９枚、12枚あるいは15枚で縄を縫い合わせ（シートを使用する場合は縫い合わせる作業はない。）、横に90cm間隔に骨竹をあらく縫い付け、下端に重り土のうを取り付けこれを芯にして簀の子巻とし、天ばから廻し縄を徐々にゆるめて垂れおろし、所々に小割竹（長さ45cm、幅２cm位）を折り曲げて針子縫いをし、あおり止めの重り土のうをのせて固定させる。

図９－23

(注)　上流側の下の重り土のうは、むしろの端より2.0ｍの位置で下ろし、上の重り土のうはむしろの端から1.5ｍの位置より下ろせば適当な位置になる。

シート張り工法

図９－24

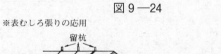

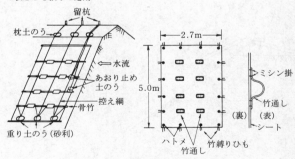

五徳縫い

目　的：堤防の居住地がある側の亀裂、崩壊の拡大を防止する。

拵え方：亀裂をはさんで竹3本〜4本を以て各辺1m位の三脚形又は四脚形に深く突き差し、地上1.2m〜1.5mくらいの所で一つに縄で結び、その上に重り土のうを載せる。亀裂の部分に張芝がない場合、又は堤体が軟弱である場合には杏土のうを用いる。この工法は、堤防斜面に行うよりは堤防斜面の先の方が効果がある。なお、堤防斜面の先に力杭を打つのが安全である。

図9—25

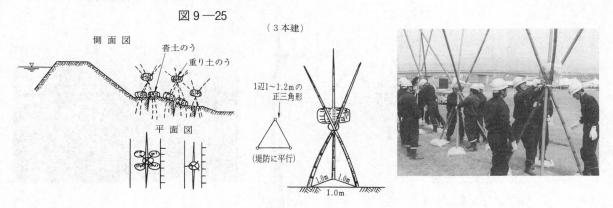

折返し

目　的：堤防天ばに亀裂を生じた場合、崩壊を防止する。

拵え方：天ばの川側の堤防斜面と住宅地側の堤防斜面とに竹を突き差し、その根元に土のうを置きこれを枕にして、竹を折りまげ、中央で双方の竹を折り返して引っかけ、縄で結束する。竹の折返し部分は折損しやすいため、麻袋などを丸めて芯にする。また、竹のしまり具合をよくするため、天ばに重り土のうを載せる。

図9—26

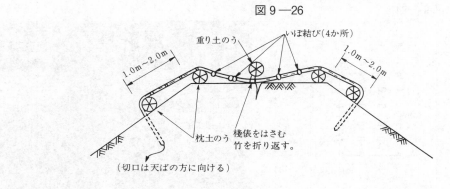

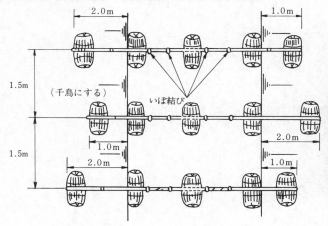

月の輪

目　的：堤防の住宅地側の漏水を堰き上げて浸透水の圧力を弱める。

拵え方：漏水口の周囲堤防斜面の先に土のうを半月状（半径1.8m）に積み上げ、この中に漏
　　　　水を淀ませて上透水を堤内の水路などに放流させる。土のう積の高さは水圧を弱める
　　　　程度、三俵重ね以上にするときは留杭又は棚杭を打つ。流し口には、排水の樋をかけ、
　　　　透水を導き、その落下点には、むしろ等を敷き深掘れを防ぐ。また土のうと土のうの
　　　　間には土を詰め、十分踏み固めて空隙からの漏水を防ぐ。

図９—27

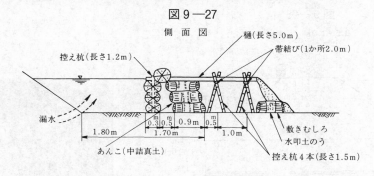

側　面　図

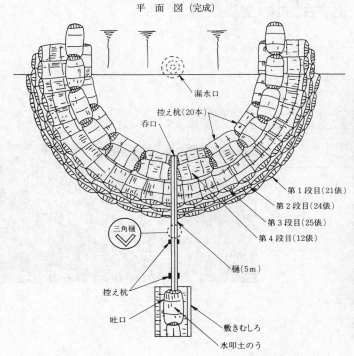

平　面　図（完成）

積土のう

目　的：水があふれることを防止する。

拵え方：表肩が欠け込んでも差し支えないように堤防の川側の肩から0.5m〜1.0mくらい引き
下げて所要の高さに土のうを積み上げる。一段積は、長手又は小口積とし、二段積は
下段を長手方向二列に並べ、その上に小口一段並べとするか、長手並べにする。三段
積は、前面長手三段にいも継ぎを避けて積み、裏手に控えとして、小口二段積とし、木
杭又は竹等を串差しとする。また、土のうの継目には土を詰めて、十分に踏み固める。

図9—28

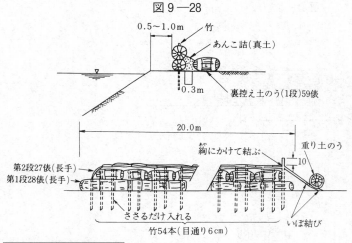

水防Ｔ型マット工法

図9—29

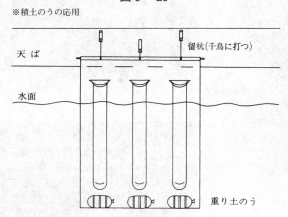

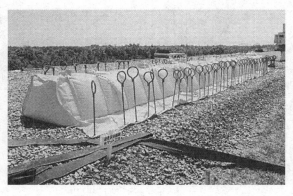

築き廻し

目　的：堤防の川側の崩壊の際、堤防斜面の補強をする。

拵え方：芯々0.90mくらいに杭を打ち込み、竹棚（又は粗朶）を編み付け、内部に土のうを詰
める。崩壊箇所はむしろ張りなどを行って堤防の居住地側に築き廻しを施す。

図9—30

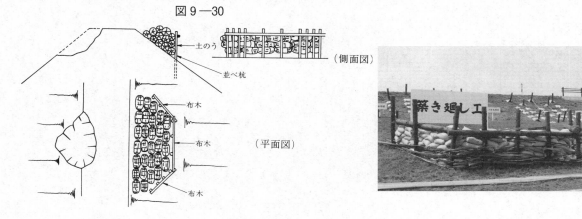

土のう羽口

目　的：居住地側の崩壊を補強する。

拵え方：土のうを小口並べに一層積んで蛇腹編みとし、その上に土を布いて踏みならし、順次
　　　　半俵引きの勾配で土のうを積み上げ、内側に土砂を詰めて踏み固める。蛇腹編みは土
　　　　のうを固定させるために、目通し6cm～9cmの竹を用いる。

図9—31

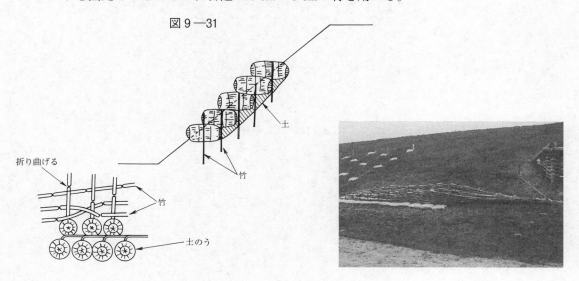

杭打積土のう

目　的：居住地側の堤防斜面の崩壊を防止する。

拵え方：堤防斜面の先に土のうを長手に積み上げ、その支えに長2.5m内外の杭を芯々0.60m
　　　　に打ち込み、上部に長5.0mの布木を結び付け、さらに長4.0mの支木を3.60mごとに
　　　　取り付ける。支えの木の中間に押え杭2本を合掌に打って挟み、また、杭木の根元に
　　　　は杭を2本並べて打って根止めとする。

図9—32

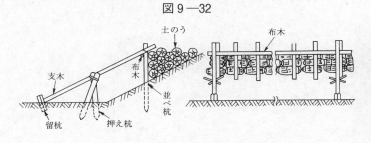

第10編　新型コロナウイルス対策

　新型コロナウイルス感染症は、2019年12月初旬に中国の武漢市で第１例目の感染者が報告されてから、わずか数か月ほどの間にパンデミックといわれる世界的な流行となった。日本では各省庁の枠を超えた対応が行われ、市町村では防災無線放送で毎日のように感染防止等の注意喚起が行われてきた。日本国内で令和３年１月９日の週に週間で４万2,819人の感染が報告され、令和３年３月中旬から再び増加傾向となり、５月８日の週には週間で４万5,092人の感染が報告された。

(1)　感染症対策用資器材の整備

　　消防団活動における感染症対策は、喫緊の課題となっている。地震・台風・大雨災害時等における消防団員による避難誘導や避難所運営支援の際など、新型コロナウイルス感染症患者と接することが想定されるため、令和３年度に市町村が消防団員の新型コロナウイルス感染症対策として必要となる資器材の整備を促進するため、国庫補助制度（消防団設備整備費補助金）の中で「消防団新型コロナウイルス感染症対策事業」を創設した。消防団設備整備費補助金の補助対象資器材の例は、下図のとおりである。

図10－１　消防団新型コロナウイルス感染症対策事業の例

感染防止衣 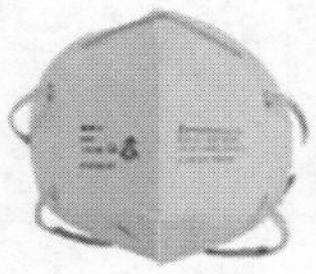　　　マスク 　　　　グローブ

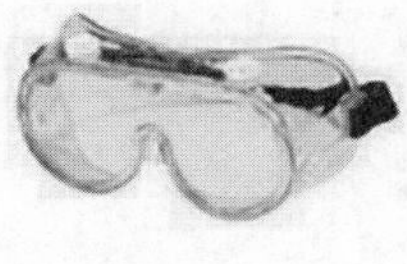

ゴーグル 　　　　消毒液

(2)　消防団活動における感染症対策の取組

　　消防庁では、消防団の教育訓練及び会合等における感染症対策の取組例をホームページ上で紹介している。

表10－１　消防団員に対する教育訓練及び会合等の取組例

・災害に備え、ポンプ操法など最低限の教育訓練は、咳エチケット等の感染症対策を徹底した上で、入団して間もない団員も含めて、各消防団において実施。
・毎月の車両、ポンプ、資機材等の定期点検は、換気や咳エチケット等を徹底した上で、必要最小限の人数で実施。
・春に実施できなかった入団して間もない団員向けの１日訓練の実施を検討中。
・入団して間もない団員のみで火災活動の対応を行うことはないため、当該団員に対しての火災活動に係る教育訓練は実施していない。
・手洗い、マスク着用、大人数での会食を避けるなど、団員個人の感染予防対策を徹底。
・屋内で会議等を行う場合に、席の間隔を広くとったり、換気を行うなどの３つの密を回避する対応を実施。
・打合せや会議等を書面やSNSで実施。
・入団して間もない団員向けの教育訓練のため、視聴覚教材（動画）を作成し、本部ホームページへの掲載、市YouTube公式チャンネルへの投稿を実施。内容は、基礎座学的なものから始め、現

　　場活動に役立つもの。
・火災等出動時には、入団して間もない団員に指導員を中心に現場活動の指導に当たるよう全団員
　に通知。
・器具等収納時に使用した機器（車両内、トランシーバーなど）の消毒を実施。

（出典：https://www.fdma.go.jp/relocation/syobodan/activity/education/bousai/kansen-taisaku/）

参考資料

○消防組織法〔抄〕

昭和22年12月23日
法律第226号

最終改正　平成26年5月法律第42号

第1章　総則

（消防の任務）

第1条　消防は、その施設及び人員を活用して、国民の生命、身体及び財産を火災から保護するとともに、水火災又は地震等の災害を防除し、及びこれらの災害による被害を軽減するほか、災害等による傷病者の搬送を適切に行うことを任務とする。

第2章　国の行政機関

（消防庁）

第2条　国家行政組織法（昭和23年法律第120号）第3条第2項の規定に基づいて、総務省の外局として消防庁を置く。

第3章　地方公共団体の機関

（市町村の消防に関する責任）

第6条　市町村は、当該市町村の区域における消防を十分に果たすべき責任を有する。

（市町村の消防の管理）

第7条　市町村の消防は、条例に従い、市町村長がこれを管理する。

（市町村の消防に要する費用）

第8条　市町村の消防に関する費用は、当該市町村がこれを負担しなければならない。

（消防機関）

第9条　市町村は、その消防事務を処理するため、次に掲げる機関の全部又は一部を設けなければならない。

(1)　消防本部

(2)　消防署

(3)　消防団

（消防本部及び消防署）

第10条　消防本部及び消防署の設置、位置及び名称並びに消防署の管轄区域は、条例で定める。

2　消防本部の組織は市町村の規則で定め、消防署の組織は市町村長の承認を得て消防長が定める。

（消防職員）

第11条　消防本部及び消防署に消防職員を置く。

2　消防職員の定員は、条例で定める。ただし、臨時又は非常勤の職については、この限りでない。

（消防長）

第12条　消防本部の長は、消防長とする。

2　消防長は、消防本部の事務を統括し、消防職員を指揮監督する。

（消防署長）

第13条　消防署の長は、消防署長とする。

2　消防署長は、消防長の指揮監督を受け、消防署の事務を統括し、所属の消防職員を指揮監督する。

（消防団）

第18条　消防団の設置、名称及び区域は、条例で定める。

2　消防団の組織は、市町村の規則で定める。

3　消防本部を置く市町村においては、消防団は、消防長又は消防署長の所轄の下に行動するものとし、消防長又は消防署長の命令があるときは、その区域外においても行動することができる。

（消防団員）

第19条　消防団に消防団員を置く。

2　消防団員の定員は、条例で定める。

（消防団長）

第20条　消防団の長は、消防団長とする。

2　消防団長は、消防団の事務を統括し、所属の消防団員を指揮監督する。

（消防団員の職務）

第21条　消防団員は、上司の指揮監督を受け、消防事務に従事する。

（消防団員の任命）

第22条　消防団長は、消防団の推薦に基づき市町村長が任命し、消防団長以外の消防団員は、市町村長の承認を得て消防団長が任命する。

（消防団員の身分取扱い等）

第23条　消防団員に関する任用、給与、分限及び懲戒、服務その他身分取扱いに関しては、この法律に定めるものを除くほか、常勤の消防団員については地方公務員法の定めるところにより、非常勤の消防団員については条例で定める。

2　消防団員の階級並びに訓練、礼式及び服制に関する事項は、消防庁の定める基準に従い、市町村の規則で定める。

（非常勤消防団員に対する公務災害補償）

第24条　消防団員で非常勤のものが公務により死亡し、負傷し、若しくは疾病にかかり、又は公務による負傷若しくは疾病により死亡し、若しくは障害の状態となつた場合においては、市町村は、政令で定める基準に従い条例で定めるところにより、その消防団員又はその者の遺族がこれらの原因によつて受ける損害を補償しなければならない。

2　前項の場合においては、市町村は、当該消防団員で非常勤のもの又はその者の遺族の福祉に関して必要な事業を行うように努めなければならない。

（非常勤消防団員に対する退職報償金）

第25条　消防団員で非常勤のものが退職した場合においては、市町村は、条例で定めるところにより、その者（死亡による退職の場合には、その者の遺族）に退職報償金を支給しなければならない。

第4章　市町村の消防の広域化

（市町村の消防の広域化）

第31条　市町村の消防の広域化（2以上の市町村が消防事務（消防団の事務を除く。以下この条において同じ。）を共同して処理することとすること又は市町村が他の市町村に消防事務を委託することをいう。以下この章において同じ。）は、消防の体制の整備及び確立を図ることを旨として、行われなければならない。

（基本指針）

第32条　消防庁長官は、自主的な市町村の消防の広域化を推進するとともに市町村の消防の広域化が行われた後の消防（以下「広域化後の消防」という。）の円滑な運営を確保するための基本的な指針（次

項及び次条第1項において「基本指針」という。）を定めるものとする。

2　基本指針においては、次に掲げる事項について定めるものとする。

　(1)　自主的な市町村の消防の広域化の推進に関する基本的な事項

　(2)　自主的な市町村の消防の広域化を推進する期間

　(3)　次条第2項第3号及び第4号に掲げる事項に関する基準

　(4)　広域化後の消防の円滑な運営の確保に関する基本的な事項

　(5)　市町村の防災に係る関係機関相互間の連携の確保に関する事項

　（推進計画及び都道府県知事の関与等）

第33条　都道府県は、基本指針に基づき、当該都道府県の区域内において自主的な市町村の消防の広域化を推進する必要があると認める場合には、その市町村を対象として、当該都道府県における自主的な市町村の消防の広域化の推進及び広域化後の消防の円滑な運営の確保に関する計画（以下この条において「推進計画」という。）を定めるよう努めなければならない。

2　推進計画においては、おおむね次に掲げる事項について定めるものとする。

　(1)　自主的な市町村の消防の広域化の推進に関する基本的な事項

　(2)　市町村の消防の現況及び将来の見通し

　(3)　前号の現況及び将来の見通しを勘案して、推進する必要があると認める自主的な市町村の消防の広域化の対象となる市町村（以下「広域化対象市町村」という。）の組合せ

　(4)　前号の組合せに基づく自主的な市町村の消防の広域化を推進するために必要な措置に関する事項

　(5)　広域化後の消防の円滑な運営の確保に関する基本的な事項

　(6)　市町村の防災に係る関係機関相互間の連携の確保に関する事項

3　都道府県は、推進計画を定め、又はこれを変更しようとするときは、あらかじめ、関係市町村の意見を聴かなければならない。

4　都道府県知事は、広域化対象市町村の全部又は一部から求めがあつたときは、市町村相互間における必要な調整を行うものとする。

5　都道府県知事は、市町村に対し、自主的な市町村の消防の広域化を推進するため、この法律に定めるもののほか、情報の提供その他の必要な援助を行うものとする。

　（広域消防運営計画）

第34条　広域化対象市町村は、市町村の消防の広域化を行おうとするときは、その協議により、広域化後の消防の円滑な運営を確保するための計画（以下この条及び次条第2項において「広域消防運営計画」という。）を作成するものとする。

2　広域消防運営計画においては、おおむね次に掲げる事項について定めるものとする。

　(1)　広域化後の消防の円滑な運営を確保するための基本方針

　(2)　消防本部の位置及び名称

　(3)　市町村の防災に係る関係機関相互間の連携の確保に関する事項

3　広域化対象市町村が、広域消防運営計画を作成するため、地方自治法（昭和22年法律第67号）第252条の2の2第1項の規定により協議会を設ける場合にあつては、当該協議会には、同法第252条の3第2項の規定にかかわらず、規約の定めるところにより、関係市町村の議会の議員又は学識経験を有する者を当該協議会の会長又は委員として加えることができる。

　（国の援助等）

第35条　国は、都道府県及び市町村に対し、自主的な市町村の消防の広域化を推進するため、この法律に定めるもののほか、情報の提供その他の必要な援助を行うものとする。

2　広域化対象市町村が第33条第2項第3号の組合せに基づき市町村の消防の広域化を行つた場合において、当該広域化対象市町村が広域消防運営計画を達成するために行う事業に要する経費に充てるた

めに起こす地方債については、法令の範囲内において、資金事情及び当該広域化対象市町村の財政状況が許す限り、特別の配慮をするものとする。

第5章　各機関相互間の関係等

（市町村の消防の相互の応援）

第39条　市町村は、必要に応じ、消防に関し相互に応援するように努めなければならない。

2　市町村長は、消防の相互の応援に関して協定することができる。

（国の負担及び補助）

第49条　第44条第5項に基づく指示を受けて出動した緊急消防援助隊の活動（当該緊急消防援助隊が第44条の3第1項の規定による指示を受けて出動した場合の活動を含む。）により増加し、又は新たに必要となる消防に要する費用のうち当該緊急消防援助隊の隊員の特殊勤務手当及び時間外勤務手当その他の政令で定める経費は、政令で定めるところにより、国が負担する。

2　緊急消防援助隊に係る第45条第2項の計画に基づいて整備される施設であつて政令で定めるものに要する経費は、政令で定めるところにより、予算の範囲内において、国が補助するものとする。

3　前項に定めるもののほか、市町村の消防に要する費用に対する補助金に関しては、法律でこれを定める。

（国有財産等の無償使用）

第50条　総務大臣又はその委任を受けた者は、緊急消防援助隊の活動に必要があるときは、国有財産法（昭和23年法律第73号）第19条において準用する同法第22条及び財政法（昭和22年法律第34号）第9条第1項の規定にかかわらず、その所掌事務に支障を生じない限度において、その所管に属する消防用の国有財産（国有財産法第2条第1項に規定する国有財産をいう。）又は国有の物品を、当該緊急消防援助隊として活動する人員の属する都道府県又は市町村に対し、無償で使用させることができる。

（消防学校等）

第51条　都道府県は、財政上の事情その他特別の事情のある場合を除くほか、単独に又は共同して、消防職員及び消防団員の教育訓練を行うために消防学校を設置しなければならない。

2　地方自治法第252条の19第1項の指定都市（以下「指定都市」という。）は、単独に又は都道府県と共同して、消防職員及び消防団員の教育訓練を行うために消防学校を設置することができる。

3　前項の規定により消防学校を設置する指定都市以外の市及び町村は、消防職員及び消防団員の訓練を行うために訓練機関を設置することができる。

4　消防学校の教育訓練については、消防庁が定める基準を確保するように努めなければならない。

（教育訓練の機会）

第52条　消防職員及び消防団員には、消防に関する知識及び技能の習得並びに向上のために、その者の職務に応じ、消防庁に置かれる教育訓練機関又は消防学校の行う教育訓練を受ける機会が与えられなければならない。

2　国及び地方公共団体は、住民の自主的な防災組織が行う消防に資する活動の促進のため、当該防災組織を構成する者に対し、消防に関する教育訓練を受ける機会を与えるために必要な措置を講ずるよう努めなければならない。

○消防団員の階級の基準〔抄〕

〔昭和39年12月8日
消防庁告示第5号〕

最終改正　平成18年3月消防庁告示第12号

消防組織法（昭和22年法律第226号）第15条の6第2項〔現行＝第23条第2項〕の規定に基づき、消防団員の階級準則を次のように定める。

消防団員の階級の基準

第1条　消防団員の階級は、団長、副団長、分団長、副分団長、部長、班長及び団員とする。

第2条　消防団の長の職にある者の階級は、団長とする。

第3条　団長の階級にある者以外の消防団員の階級は、副団長、分団長、副分団長、部長、班長及び団員とする。

○消防力の整備指針〔抄〕

〔平成12年1月20日〕
〔消防庁告示第1号〕

最終改正　平成31年3月消防庁告示第4号

（趣旨）

第1条　この指針は、市町村が火災の予防、警戒及び鎮圧、救急業務、人命の救助、災害応急対策その他の消防に関する事務を確実に遂行し、当該市町村の区域における消防の責任を十分に果たすために必要な施設及び人員について定めるものとする。

（消防団の設置）

第35条　消防団は、地域防災力の中核として将来にわたり欠くことのできない代替性のない存在として、一市町村に一団を置くものとする。ただし、市町村の合併等消防団の沿革その他の特段の事情がある場合は、一市町村に二団以上置くことができる。

（消防団の業務及び人員の総数）

第36条　消防団は、次の各号に掲げる業務を行うものとし、その総数は、当該業務を円滑に遂行するために、地域の実情に応じて必要な数とする。

(1)　火災の鎮圧に関する業務

(2)　火災の予防及び警戒に関する業務

(3)　救助に関する業務

(4)　地震、風水害等の災害の予防、警戒及び防除並びに災害時における住民の避難誘導等に関する業務

(5)　武力攻撃事態等における警報の伝達、住民の避難誘導等国民の保護のための措置に関する業務

(6)　地域住民（自主防災組織等を含む。）等に対する指導、協力、支援及び啓発に関する業務

(7)　消防団の庶務の処理等の業務

(8)　前各号に掲げるもののほか、地域の実情に応じて、特に必要とされる業務

（副団長等）

第37条　消防団に、指揮活動を行うため、副団長、分団長、副分団長、部長及び班長を配置することができる。

○消防団の装備の基準

（昭和63年 7 月13日
消防庁告示第 3 号）

最終改正　平成26年10月消防庁告示第28号

（趣旨）

第 1 条　消防団の装備については、この基準の定めるところによる。

（制服等）

第 2 条　消防団は、全部の消防団員の数に相当する数の制服、夏服及び活動服を配備するものとする。ただし、夏服については、地域の気候条件により配備する必要のない消防団においては、この限りでない。

2　制服は、甲種衣又は乙種衣、下衣及び帽とする。

3　夏服は、夏上衣、夏下衣及び夏帽とする。

4　活動服は、活動上衣、活動ズボン及び略帽とする。

5　制服、夏服及び活動服は、全部の消防団員に支給し、又は貸与するものとする。

（安全帽等）

第 3 条　消防団は、全部の消防団員の数に相当する数の安全帽、救助用半長靴、防塵メガネ、防塵マスク、耐切創性手袋、救命胴衣及び雨衣を配備するものとする。

2　安全帽、救助用半長靴及び雨衣は、全部の消防団員に支給し、又は貸与するものとする。

（防火衣一式）

第 4 条　消防団は、動力消防ポンプ（消防団の管理するものに限る。以下同じ。）ごとに消防力の整備指針（平成12年消防庁告示第 1 号）第27条第 1 項及び第 2 項の規定による消防隊の隊員の数に相当する数に地域の実情に応じて必要な数を加えた数の防火衣一式を配備するものとする。

2　消防団は、前項に規定するもののほか、部長以上の階級にある消防団員の数に相当する数の防火衣一式を配備するものとする。

3　防火衣一式は、防火衣、防火帽、防火用長靴及び防火手袋とする。ただし、防火帽及び防火用長靴については、前条に規定する安全帽及び救助用半長靴をもって代えることができる。

4　第 2 項に規定する防火衣一式は、部長以上の階級にある消防団員に支給し、又は貸与するものとする。

（携帯用無線機）

第 5 条　消防団は、班長以上の階級にある消防団員の数に相当する数の消防用又は防災行政用の無線局の携帯用無線機を配備するものとする。

2　消防団は、団員の階級にある消防団員及び団員の直近上位の階級にある消防団員の数に相当する数のトランシーバー（特定小電力無線局の携帯用無線機をいう。）を配備するものとする。

（車載用無線機等）

第 6 条　消防団は、消防団の全部の車両の数に相当する数の消防用又は防災行政用の無線局の車載用無線機を配備するものとする。

2　消防団は、分団その他の基本的な活動単位の組織（以下「分団等」という。）ごとに複数の無線受令機を配備するものとする。

（その他の情報関連機器）

第 7 条　消防団は、前 2 条に規定する機器のほか、双方向通信のための機器、デジタルカメラ、ビデオカメラその他の情報の収集及び伝達のために用いる機器を地域の実情に応じて配備するものとする。

（火災鎮圧用器具）

第 8 条　消防団は、動力消防ポンプごとに必要と認められる数の火災鎮圧用器具を配備するものとする。

2   火災鎮圧用器具は、吸水器具、放水器具、破壊器具その他火災の鎮圧のために必要と認められる器具とする。

（分団等に配備する器具）

第9条   消防団は、分団等ごとに必要と認められる数の救急救助用器具、避難誘導用器具、夜間活動用器具及び啓発活動用器具を配備するものとする。

2   救急救助用器具は、担架、応急処置用セット、自動体外式除細動器、油圧切断機、エンジンカッター、チェーンソー、油圧ジャッキ、可搬ウインチその他救急救助のために必要と認められる器具とする。

3   避難誘導用器具は、警戒用ロープ、拡声器その他住民の避難誘導のために必要と認められる器具とする。

4   夜間活動用器具は、投光器、発電機、燃料携行缶その他夜間における活動のために必要と認められる器具とする。

5   啓発活動用器具は、応急手当訓練用器具、訓練用消火器その他啓発活動に必要と認められる器具とする。

6   チェーンソー、油圧ジャッキ、可搬ウインチ、警戒用ロープ、拡声器、投光器、発電機及び燃料携行缶については、分団等に属する消防隊の数に応じて複数配備するものとする。

（後方支援用資機材）

第10条   消防団は、大規模な災害等に備え、エアー・テント、非常用備蓄物資その他の後方支援のために用いる資機材を地域の実情に応じて配備するものとする。

（追加装備）

第11条   消防団は、第2条から前条までに規定する装備のほか、地域の実情に応じて次に掲げるものを配備するものとする。

⑴   可搬式散水装置（背負式水のう）、組立式水槽その他の林野火災用器具

⑵   資機材運搬用そり、除雪機その他の積雪寒冷地域用器具

⑶   排水ポンプ、土のうその他の水災用器具

⑷   ボート、浮環、フローティングロープその他の水難救助用器具

⑸   ロープ、滑車、カラビナその他の山岳救助用器具

⑹   その他必要と認められる装備

　　　附　　則

この告示は、公布の日から施行する。

　　　附　　則〔平成12年1月20日消防庁告示第3号〕

この告示は、公布の日から施行する。

　　　附　　則〔平成17年6月13日消防庁告示第11号〕

この告示は、公布の日から施行する。

　　　附　　則〔平成26年2月7日消防庁告示第2号〕

この告示は、公布の日から施行する。

　　　附　　則〔平成26年10月31日消防庁告示第28号抄〕

（施行期日）

第1条   この告示は、公布の日から施行する。

○消防団員服制基準

｛昭和25年 2 月 4 日
国家公安委員会告示第 1 号｝

最終改正　平成26年 2 月消防庁告示第 1 号

消防団員服制基準は、別表のとおりとする。

　　　附　　則

①　この告示は、昭和25年 1 月 1 日から適用する。

②　消防団旗制式は、昭和22年内務省告示第362号「消防団員服制並びに消防団旗制式」の中「消防団旗制式」を適用する。

　　　前　文〔抄〕〔昭和44年 4 月 1 日消防庁告示第 3 号〕

昭和44年 5 月 1 日から適用する。

　　　附　　則　〔昭和52年12月 5 日消防庁告示第 6 号〕

この告示は、昭和53年 3 月 1 日から適用する。

　　　附　　則　〔昭和55年 6 月 2 日消防庁告示第 2 号〕

この告示は、公布の日から施行する。

　　　附　　則　〔昭和63年 7 月13日消防庁告示第 4 号〕

この告示は、公布の日から施行する。

　　　附　　則　〔平成13年 3 月30日消防庁告示第11号〕

1　この告示は、平成13年 4 月 1 日から施行する。

2　この告示の施行の際現に市町村の規則で定められている服制については、この告示による改正後の消防団員服制基準の規定にかかわらず、当分の間、従前の例によることができる。

　　　附　　則　〔平成26年 2 月 7 日消防庁告示第 1 号〕

1　この告示は、公布の日から施行する。

2　この告示の施行の際現に市町村の規則で定められている服制については、この告示による改正後の消防団員服制基準の規定にかかわらず、当分の間、従前の例によることができる。

別表

消 防 団 員 服 制 基 準			
品種	区　　　分		摘　　　　　要
帽	色	男性	黒
		女性	暗い濃紺
	き　　章	男性	金色金属製消防団き章をモール製金色桜で抱擁する。 台地は黒とする。 形状及び寸法は、図のとおりとする。
		女性	銀色金属製消防団き章をモール製銀色桜で抱擁する。 台地は暗い濃紺とする。 形状及び寸法は、図のとおりとする。
	製　　式	男性	円形とし、黒色の前ひさし及びあごひもをつける。 あごひもの両端は、帽の両側において消防団き章をつけた金色ボタン各1個でとめる。 形状及び寸法は、図のとおりとする。
		女性	円形つば型とし、帽のまわりに暗い濃紺又はその類似色のリボンを巻くものとする。 形状は、図のとおりとする。
	周　　章		男性については、帽の腰まわりには、幅30ミリメートルの黒色ななこ織をつける。 副分団長以上の場合には、平しま織金線をつける。 形状及び寸法は、図のとおりとする。
夏帽	色		濃紺
	き　　章	男性	帽と同様とする。 ただし、台地は濃紺とする。
		女性	帽と同様とする。 ただし、台地は濃紺とする。
	製　　式	男性	円形とし、濃紺又はその類似色の前ひさし及びあごひもをつける。 あごひもの両端は、帽の両側において消防団き章をつけた金色ボタン各1個でとめる。天井の両側にはと目をつけ、通風口とする。 腰は、藤づるあみとし、すべり革には、所要の通風口をつける。 天井の内側には、汚損よけをつける。 形状及び寸法は、帽と同様とする。
		女性	帽と同様とする。
	周　　章		男性については、帽の腰まわりには、幅30ミリメートルの濃紺又はその類似色のななこ織をつける。 副分団長以上の場合には、平しま織金線をつける。 形状及び寸法は、帽と同様とする。
略帽	色		紺
	き　　章		金色金属製消防団き章とする。 台地は紺とする。 形状及び寸法は、図のとおりとする。
	製　　式		紺の前ひさし及び赤色線を上下につけたあごひもをつける。 あごひもの両端は、帽の両側において消防団き章をつけた金色ボタン各1個でとめる。 形状及び寸法は、図のとおりとする。
	周　　章		帽の腰まわりには、1条ないし3条の赤色線をつける。 寸法は、図のとおりとする。

安全帽		地　質		強化合成樹脂又は堅ろうな材質とする。
		き　章		略帽と同様とする。
		製　式		円形とし、内部に頭部の振動を防ぐ装置をつける。 あごひもは、合成繊維とする。 形状は、図のとおりとする。
		周　章		帽の腰まわりに1条ないし3条の赤色の反射線をつける。 寸法は、図のとおりとする。
防火帽	保安帽	地　質		銀色の強化合成樹脂又は堅ろうな材質とする。
		き　章		金色金属製消防団き章とする。台地は地質と同様とする。 形状及び寸法は、図のとおりとする。
		製　式		かぶと型とし、内部に頭部の振動を防ぐ装置をつける。前後部にひさしをつけ、あごひもは、合成繊維とする。 形状は、図のとおりとする。
		周　章		帽の腰まわりに1条ないし3条の赤色の反射線をつける。 寸法は、図のとおりとする。
	しころ	地　質		銀色の耐熱性防水布とする。
		製　式		取り付け金具により保安帽に付着させるものとし、前面は、両眼で視認できる部分を除き閉じることができるものとする。 形状は、図のとおりとする。
衣	甲種	色		帽と同様とする。
		製式	前面 男性	折りえり 消防団き章をつけた金色ボタンを1行につける。 形状は、図のとおりとする。
			前面 女性	折りえり 消防団き章をつけた銀色ボタンを1行につける。 形状は、打合わせを右上前とするほかは、男性と同様とする。
			後面 男性	すその中央を裂く。 形状は、図のとおりとする。
			後面 女性	両側脇線のすそを裂く。 形状は、図のとおりとする。
			そで章 男性	表半面に1条ないし3条の金色しま織線をまとう。 形状及び寸法は、図のとおりとする。
			そで章 女性	表半面に1条ないし3条の銀色しま織線をまとう。 形状及び寸法は、男性と同様とする。
	乙種	色		黒又は紺
		製　式		はっぴ式とし、寸法は、概ね次のとおりとする。 　丈　　約850ミリメートル　肩幅　約290ミリメートル 　行　　約600ミリメートル　後幅　約273ミリメートル 　そで丈約390ミリメートル　前幅　約200ミリメートル 　そで口約360ミリメートル　えり幅　約60ミリメートル 腰の周囲には、約45ミリ幅の白色平線2条を染出す。白色平線の間隔は、約30ミリメートルとする。 形状は、図のとおりとする。
		背　章		径約300ミリメートル幅15ミリメートルの白色円形線を染出し、その中央に白字のかい書で消防団名を染出す。 形状は、図のとおりとする。
		帯		幅40ミリメートルの帯又は衣と同色のもので取りはずしのできるものとし、帯前金具をつける。 形状及び寸法は、図のとおりとする。

	えり章			甲種衣又は夏上衣は、左えりに消防団名、右えりに職名を縫いとり又は打出し金具により表す。 乙種衣は、左えりに消防団名、右えりに職名を白字のかい書で染出す。 乙種衣えり章の形状は、図のとおりとする。
下衣	色			帽と同様とする。
	製式	男性		長ズボンとする。 両脇縫目に幅15ミリメートルの黒色ななこ織の側章をつける。 形状及び寸法は、図のとおりとする。
		女性		長ズボン、スカート又はキュロットスカートとする。 形状は、図のとおりとする。
夏上衣	色			淡青
	製式	男性		シャツカラーの長そで又は半そでとする。 淡青又はその類似色のボタンを1行につける。 形状は、図のとおりとする。
		女性		打合わせを右上前とするほかは、男性と同様とする。
夏下衣	色			夏帽と同様とする。
	製式			下衣と同様とする。
活動上衣	色			略帽と同様とし、胸囲及びそで（図中網掛け部分）にオレンジ色を配する。
	製式			長そでとし、ファスナーをつける。 用途に応じ、通気性、難燃性、強度、帯電・静電防止等の機能性に配慮する。 左右両肩に肩章をつける。 形状は、図のとおりとする。
活動ズボン	色			略帽と同様とし、ポケット（図中網掛け部分）にオレンジ色を配する。
	製式			長ズボンとし、オレンジ色のベルトを用いる。 用途に応じ、通気性、難燃性、強度、帯電・静電防止等の機能性に配慮する。 形状は、図のとおりとする。
防火衣	地質			防火帽しころと同様とする。
	製式			折りえりラグランそで式バンドつきとする。 肩及びその前後に耐衝撃材を入れ、上前は、5個のフックとし、ポケットは、左右側腹部に各1個をつけ、ふたをつける。 形状は、図のとおりとする。
靴				黒の短靴又は半長靴とする。ただし、防火用は銀色又は黒色のゴム製長靴（踏抜き防止板を挿入する。）、救助用は黒の編上式半長靴（踏抜き防止板を挿入し、つま先には先しんを装着する。）とする。
階級章	階級		甲種	乙種
	団長		長さ45ミリメートル、幅30ミリメートルの黒色の台地とし、上下両縁に3ミリメートルの金色平織線、中央に18ミリメートルの金色平織線及び径12ミリメートルの金色消防団き章3箇をつけ、甲種衣又は夏上衣の右胸部につける。	肩上を中心として前後にまたぎ、首部背縫から両袖の端に至るまで幅約84ミリメートルの赤色平線1条を、更に下方へ幅24ミリメートルの赤色平線2条を後に染出す。赤色平線の両辺は、すべて3ミリメートル幅の白色平線を染出す。白色平線の間幅は約15ミリメートルとする。
	副団長		金色消防団き章2箇をつける。他は右〔上〕と同様とする。	右〔上〕と同様とする。
			幅6ミリメートルの金色平織線2条	肩上を中心として前後にまたぎ、首部背縫から両袖の端に至るまで幅約84ミリメートルの赤色平線1条を、

階級章		分団長	及び径12ミリメートルの金色消防団き章3箇をつける。他は右と同様とする。	更に下方へ幅24ミリメートルの赤色平線1条を染出す。赤色平線の両辺は、3ミリメートル幅の白色平線を染出す。
		副分団長	金色消防団き章2箇をつける。他は右〔上〕と同様とする。	右〔上〕と同様とする。
		部長	金色消防団き章1箇をつける。他は右〔上〕と同様とする。	右〔上〕と同様とする。
		班長	幅3ミリメートルの金色平織線2条及び径12ミリメートルの金色消防団き章3箇をつける。他は右〔上〕と同様とする。	右〔上〕と同様とする。
		団員	金色消防団き章2箇をつける。他は右〔上〕と同様とする。	肩上を中心として前後にまたぎ、首部背縫から両袖の端に至るまで幅約84ミリメートルの赤色平線1条を染出す。赤色平線の両辺は、3ミリメートル幅の白色平線を染出す。
			形状及び寸法は、図のとおりとする。	
外とう		色	甲種衣と同様とする。	
	製式	男性 えり	開きん	
		胸部	両前とし、消防団き章をつけた金色ボタンを2行につける。	
		頭きん	適宜つけることができる。	
		背帯	幅50ミリメートルの背帯をつける。	
		そで章	甲種衣そで章と同様とする。	
		階級章	甲種衣と同じ階級章を右胸部につけることができる。	
		形状は、図のとおりとする。		
	女性		打合わせを右上前とするほかは、男性と同様とする。	
雨衣	製式	男性	折りえり 胸部は二重として、ボタンを2行につけ、胴にはバンドをつける。 後面はすそを裂くものとする。 えり部に頭きんどめのボタンをつけ、頭きんに鼻おおい1個及びボタンをつける。そでにそでバンドをつけ、一端を内側の縫目に縫い込み、他の一端は、ボタンでとめる。 形状は、図のとおりとする。	
		女性	打合わせを右上前とするほかは、男性と同様とする。	
消防団員手帳	製式		表紙は、鉄紺色の革製又はこれに類するもの。 中央上部に消防団章を、その下に「消防団員手帳」の文字、その左側に消防団名を、それぞれ金色で表示し、背部に鉛筆差しを設け、その下端に長さ45センチメートルの黒色のひもをつけ、表紙内側には、名刺入れをつける。 用紙は、恒久用紙と記載用紙とに分け、いずれも差換え式とし、その枚数は、恒久用紙16枚（身分関係1枚、異動賞罰関係3枚、教養訓練関係6枚、火災その他出動関係6枚）、記載用紙80枚とする。 形状及び寸法は、図のとおりとする。	

備考
1　略帽については、アポロキャップをもって、これに代えることができる。
2　帽、甲種衣若しくは下衣又は夏帽、夏上衣若しくは夏下衣についてその一部にオレンジ色を配し、又は甲種衣及び下衣若しくは夏上衣及び夏下衣と併せて用いるエンブレム、ネクタイ等についてオレンジ色を基調としたものとすること等により、甲種衣又は下衣、夏上衣又は夏下衣等の一部にオレンジ色を配するものとする。
3　甲種衣及び夏上衣に併せて、必要に応じ、ベストを着用することができる。
4　夏上衣のえりについては、開きん（小開き式）をもって、シャツカラーに代えることができる。

5　活動上衣については、ボタンをもって、ファスナーに代えることができる。

6　外とうについては、ブルゾンをもって、これに代えることができる。

7　雨衣にあっては、上衣とズボンに分割されているものをもって、これに代えることができる。

8　消防団員手帳については、消防団章、消防団名及び図消防団員手帳の部中恒久用紙に表示された事項を表示したカードをもって、これに代えることができる。

9　本表中金色金属を用いるものについては、同色の類似品をもって、これに代えることができる。

10　形状に関する図で示しているポケット、ボタンの数及び位置については、図と異なるものとすることができる。

図　数字は寸法を示し、単位はミリメートルとする。

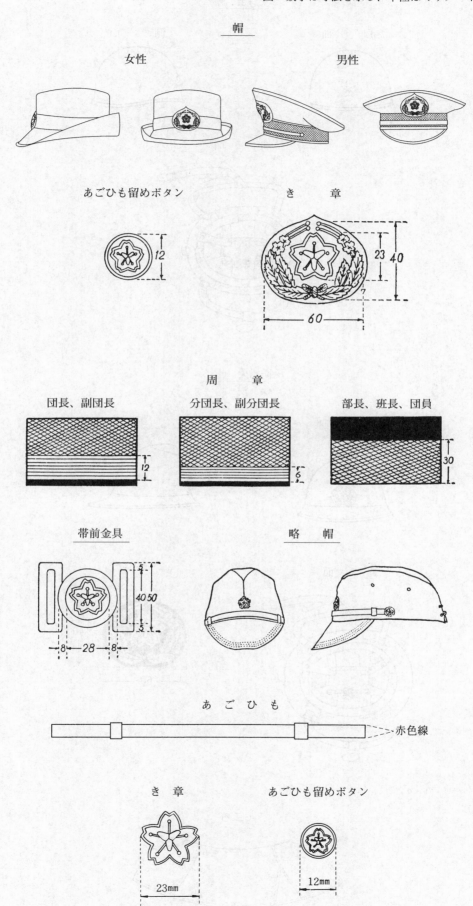

安全帽

正　面　　　　　　側　面

裏　面

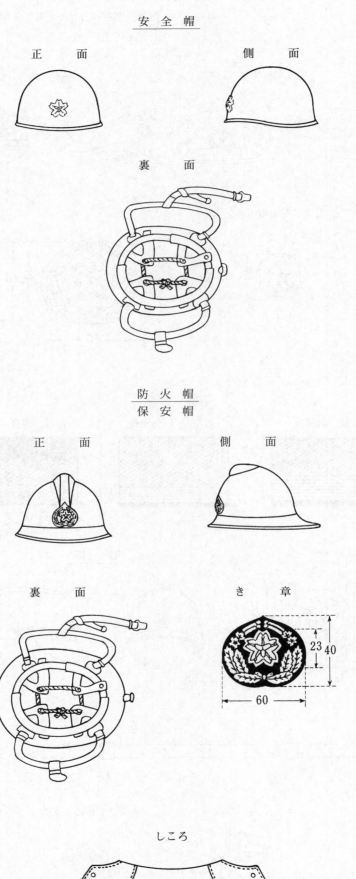

防　火　帽
保　安　帽

正　面　　　　　　側　面

裏　面　　　　　　き　章

23　40

60

しころ

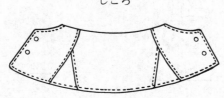

略帽、安全帽及び保安帽の階級周章

階　級	略　帽	安全帽	保安帽	周　　　章
団　　長	6　3 3 6　3	8　4 4 8　4	8　4 4 8	
副 団 長	6　3 6	8　4 8	8　4 8	
分 団 長 副分団長	3　3 3	4　4 4	4　4 4	
部　　長 班　　長	6	8	8	
団　　員	3	4	4	

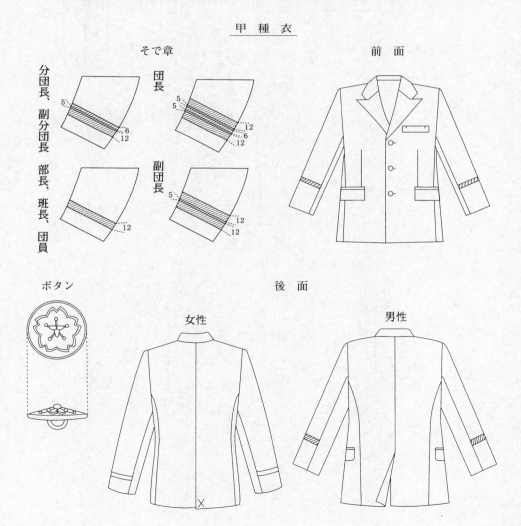

甲　種　衣

そで章　　　　　　　　　　　　前　面

分団長、副分団長　部長、班長、団員　　団長　　　副団長

ボタン　　　　　　　　　後　面

女性　　　　　　　　男性

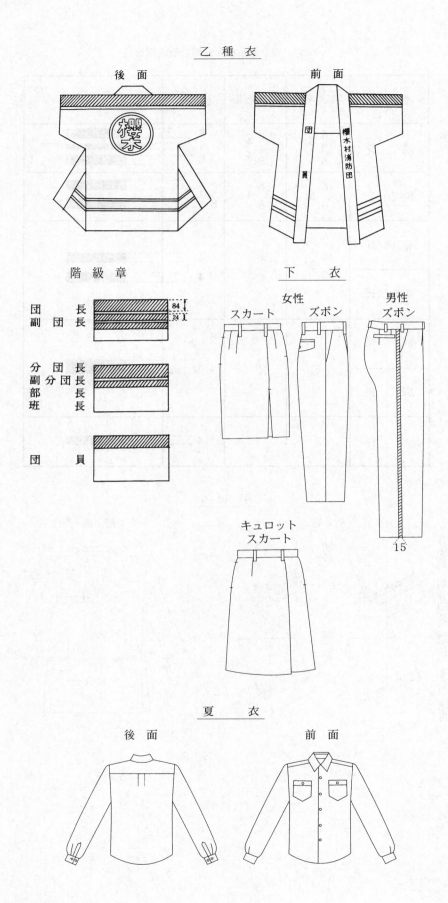

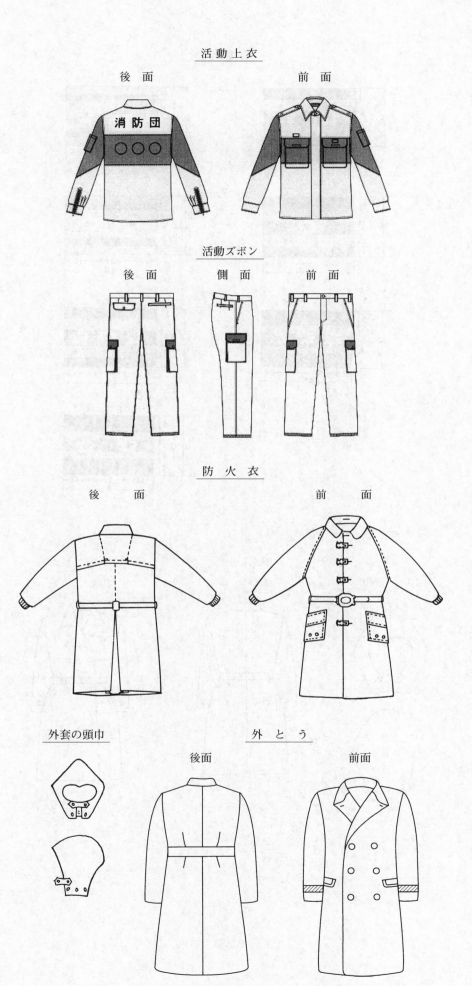

活動上衣

後面　　　　　　前面

活動ズボン

後面　　側面　　前面

防火衣

後面　　　　　　前面

外套の頭巾　　　外とう

後面　　　　　前面

階　級　章

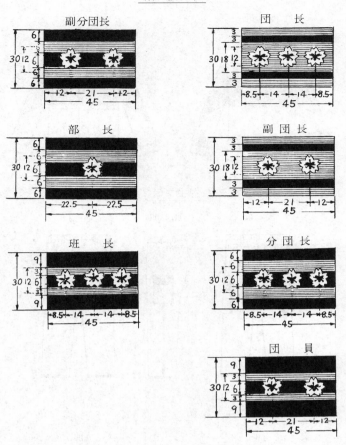

副分団長

団　　長

部　　長

副団長

班　長

分団長

団　員

雨　衣

頭　巾　　　　　後　面　　　　　前　面

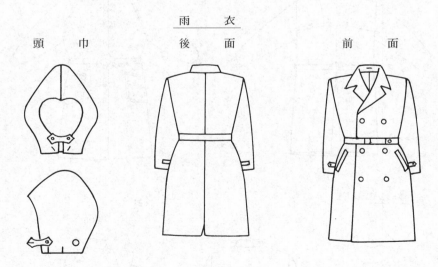

消防団員手帳

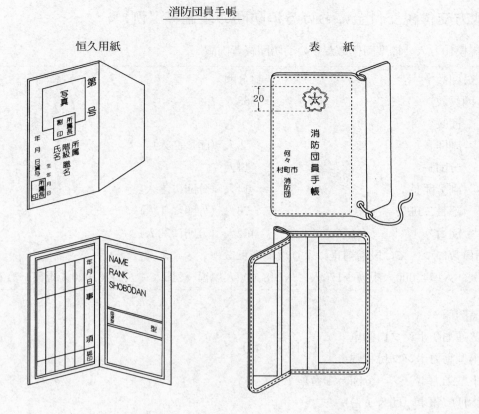

恒久用紙　　　　　　　　　　　　　　表　　紙

○地方交付税交付金における消防団の装備等（例）

行政規模10万人の標準団体あたりの消防団経費内訳

①	分団数	14分団
②	団員数	563人
	団長	1人
	副団長	2人（団に2人）
	分団長	14人
	副分団長	14人（分団に1人）
	部長・班長	70人（分団に5人）
	団員	462人（分団に33人）

※団員数については段階補正により数値補正あり。
〈例〉人口4,000人規模→170人、人口8,000人規模→216人、人口20,000人規模→312人　など

① 備品関係

普通消防ポンプ自動車 ⎫	（分団×1台）	11台
小型動力ポンプ付積載車 ⎭		3台
小型動力ポンプ（分団×1台）		14台
指揮広報車（団×1台）		1台
無線機器	携帯用無線機	
	（59人：団長・副団長・分団長・副分団長以上全員、部長・班長の4割）	59台
	車載用無線機	
	（普通消防ポンプ自動車11台＋小型動力ポンプ付積載車3台）	14台
	無線受令機（部長・班長の6割、団員の5割）	252台
火災鎮圧用器具	ホース（2本×14分団）	28本
	吸水管（2本×14分団）	28本
	とび口（2口×14分団）	28口
救急救助用器具	担架（1台×14分団）	14台
	応急セット（1個×14分団）	14個
	エンジンカッター（1台×14分団）	14台
	ジャッキ（1台×14分団）	14台
避難誘導器具	警戒ロープ（1本×14分団）	14本
	拡声器（1台×14分団）	14台
体力錬成用器具	ダンベル	1個
	ベンチプレス	1台
	ストレッチトレーナ	1台
	トレーニングサイクル	1台
	固定式鉄棒	1台
	デジタル血圧計	1台

② 被服関係

甲種衣（帽子含む）（1着×全団員563人）	563着
盛夏服（帽子含む）	〃
乙種衣（はっぴ）	〃

```
　　　作業服（略帽含む）　　　　　　　　　　　　　　　　　563着
　　　雨衣　　　　　　　　　　　　　　　　　　　　　　　　〃
　　　安全帽　　　　　　　　　　　　　　　　　　　　　　　〃
　　　靴　　　　　　　　　　　　　　　　　　　　　　　　　〃
　　　防火服　　　　　　　　　　　　　　　　　　　283着（※）
　　　防火帽　　　　　　　　　　　　　　　　　　　　　　　〃
　　　防火用長靴　　　　　　　　　　　　　　　　　　　　　〃
```

※　283着の内訳については次のとおり

　　　団長1人、副団長2人、正副分団長28人、部長28人

　　　消防ポンプ　11台×9人（ポンプ操作者5人、予備員4人）＝99人

　　　付積載車　　3台×9人（ポンプ操作者5人、予備員4人）＝27人

　　　小型ポンプ　14台×7人（ポンプ操作者4人、予備員3人）＝98人

③　地域活動用用品類等（消防団まつり）

啓発・宣伝	啓発用パンフレット	600冊
	看板製作費	1式
	横断幕製作費	1式
	チラシ配布費	10,000冊
団活動PRコーナー	パネル写真制作費	10個
	PR用パネル	5個
消防活動体験コーナー	消火器	3台
	消火薬剤	30個
	煙体験ハウス	1個
	消火体験器具	1個
	レサシアン	2個
スポーツ大会	綱引きロープ	100本
	賞状	10枚
	賞品	10枚
	記念品	300個
消防団員激励表彰	賞状	15枚
	賞品	15枚
消防操法コーナー	組立式水槽	3台

④　その他の需要品（講習会用）

詰替用消火薬剤（ＡＢＣ粉末10型）	40個
消火用ハウス	2個
防火啓発用ステッカー	200枚
印刷製本費講習会テキスト	200冊

⑤　健康診断

　　問診、身体計測、血圧測定、検尿、心電図、眼底、コレステロール、貧血、肝機能、血糖、胸部X線、その他となっている。措置人員は団体全員の563人。

（注）　上記以外にも消防団活動に必要な経費が積算されています。

参 考 文 献

1 総務省消防庁発行
　○消防白書　○消防の動き　○消防表彰事務の手引　○ホームページ　○消防団員救助資機材取扱い講習テキスト
　○eカレッジ

2 消防研修協会発行
　○火災防ぎょ　○消防ポンプ　○消防制度　○救急　○消防機械器具概論　○防火管理

3 日本消防協会発行
　○消防団指導員研修テキスト（水防専科）
　○消防団長の職章

4 （公財）東京防災救急協会発行
　○上級救命講習テキスト

5 消防団員の公務災害防止等に関する調査研究委員会発行
　○消防団員事故防止対策の手引き

6 日本救急医療財団監修発行
　○指導者のための救急蘇生法の指針

7 救急救命九州研修所編
　○心肺蘇生法・観察判断と応急手当

8 九州ブロック消防学校長会発行
　○消防団員新実務必携

9 九州各県消防学校編
　○消防団員講習用資料各種

10 福岡県消防学校編
　○水災防ぎょ

11 熊本県消防学校編
　○消防団員現場指揮訓練資料

12 社団法人建設広報協議会発行
　○水防のしおり（平成14年版）

13 国土交通省筑後川河川事務所
　○平成13年度筑後川・矢部川水防演習記録集

14 東京法令出版株式会社発行
　○防火管理六法　○指揮隊の活動要領
　○イラストでわかる救助訓練マニュアル
　○消防団サポートブック

15 内閣府賞勲局ホームページ
　○日本の勲章・褒章「栄典制度の沿革」

16 日本地質学会発行
　○大地の動きを知ろう

17 気象庁ホームページ
　○気象等の知識

18 福岡管区気象台発行
　○防災気象情報ハンドブック

19 福岡県河川協会発行
　○水防手帳

20 福岡県土木部砂防課発行
　○砂防施設の効果
　○集中豪雨による土石流
　○土砂災害情報基盤緊急整備事業検討会資料

21 静岡県防災局防災情報室ホームページ
　○津波について

22 株式会社モリタ発行カタログ
　○CAFS付消防車・多機能型消防車
　○eモニター（消防ポンプ車の計器類）

23 株式会社モリタ三田工場
　○消防ポンプユニット
　○冷却還流装置

24 トーハツ株式会社発行カタログ
　○可搬消防ポンプ

25 株式会社IHIシバウラ発行カタログ
　○可搬消防ポンプ

26 日本救急医療財団心肺蘇生法委員会監修
　○改訂5版救急蘇生法の指針2015（市民用・解説編）

27 帝京大学医療技術学部スポーツ医療学科救急救命士コース・横山正巳教授編
　○トリアージ　○応急担架の作り方

28 国土交通省ホームページ
　○無人航空機（ドローン・ラジコン機等）の飛行ルール

29 内閣府ホームページ
　○新型コロナウイルス感染症

〔写真協力団体〕

福津市消防団・福岡市東消防団・北九州市若松消防団・門司消防団・甘木市消防団・朝倉町消防団・杷木町消防団・三輪町消防団・夜須町消防団・小石原村消防団・久留米市消防団・北野町消防団・大刀洗町消防団・立花町消防団・田川市消防団・清瀬市消防団・関市消防団・矢口消防団・青梅市消防団・桐生市消防団・松山市消防団・津奈木町消防団・柏市消防団・宗像地区消防本部・甘木朝倉消防本部・北九州市消防局・田川地区消防本部・桐生市消防本部・松山市消防局・長野市消防局・福津市役所・清瀬市役所・関市役所・福岡市防災センター・熊本県消防学校・地震調査研究推進本部・（公財）東京防災救急協会・（一社）東京防災設備保守協会・株式会社モリタ・トーハツ株式会社・株式会社ＩＨＩシバウラ・福岡県砂防協会・福岡県河川協会・福岡県土木部（現・県土整備部）・熊本県土木部・長野県建設部・甘木土木事務所・筑後川河川事務所・三重県大王町役場・辰野株式会社・株式会社オグラ・株式会社レスキュープラス・株式会社マキタ・株式会社ワコー商事・株式会社ライズ

（注）団体名は、写真提供時の名称となっているものもありますので、ご了承ください。

あとがき

　消防人であれば一度は耳にしたことがある言葉に「消防精神」があります。そして、『詳解消防訓練礼式の基準』の第2条、訓練目的の解説の中に「…体力気力を鍛錬し、併せて消防精神の錬成を図り、人的消防力を充実し消防諸般の要求に適応させる基礎を作る…」とあります。この「消防精神」という言葉は、日本吟剣詩舞振興会元老・日本吟詠総連盟顧問であった松口月城氏が七言古体・楽府体の漢詩として詠んだものです。この漢詩を詠むきっかけは、昭和20年6月19日の福岡大空襲により1,500トンほどの焼夷弾が落とされ、福岡市内の4分の1が焼失し約56,000人の被災者が出た際に、戦火の中で消防団員が立派な行動をしているのを見て、褒め称えたところからきています。戦後の自治体消防発足に当たり、自分の仕事を持ちながら我を忘れて身を挺し勇敢に大火事に立ち向かう、その有様はまさに弱きを助け強きを挫く、おとこ気・男だてであり、なんと頼もしいものかと思い立ち作られた漢詩で後世に伝えようとしたものであります。

【読み方】
てんさけちくずるともおどろくにたらず
もうかこうずいなんぞしゅんじゅんせん
われらのしめいこのときにあり
にんきょういっぺんまさにみをていすべし
ゆうかんちんちゃくまたきびん
はっきせんしょうぼうだいせいしん

天裂地崩不足駭
猛火洪水何逡巡
吾等使命在此際
任侠一片当挺身
勇敢沈着示機敏
発揮消防大精神

〔意味〕
天が裂けようとも地が崩れようとも驚きもせず、大火になろうとも大雨・台風が来ようとも何で躊躇（ためら）うものか。消防はこんな時こそ勇敢で慌てずに素早く活動することができるのだ。こんな時に消防が役割を発揮しないで何時できるのか。これが消防の大精神である。

　わが国史上最大級の津波災害において、東北地方の太平洋沿岸市町村を中心に壊滅的被害をもたらし過去最多の犠牲者が発生しました。この巨大地震による大津波の中、まさに消防精神に則り、危険を顧みることなく、地域住民の安全のために強い使命感を持って出動し、震災発生直後から昼夜を分かたず身を挺して災害対応に当たられた多くの消防団員をはじめとする関係者の皆様へ、心から敬意を表します。誠に残念なことながら、津波警報発令下において水門閉鎖や人命救助及び避難誘導等の際に大津波に巻き込まれ、254名というこれまでに例のないほど多くの消防団員が殉職されました。東日本大震災により、亡くなられた消防団員の方々のご冥福をお祈り申し上げますとともに、被災地の一日も早い復興をお祈り申し上げます。

14訂版　消防団員実務必携

初　版　発　行	平成15年 4 月15日	11 版　発　行	平成27年 4 月10日
2 版　発　行	平成15年 9 月20日	12 版　発　行	平成29年 6 月 1 日
3 版　発　行	平成17年 4 月 5 日	13 版　発　行	平成30年 4 月10日
4 版　発　行	平成18年 2 月10日	14 版　発　行	令和 5 年 5 月 5 日
5 版　発　行	平成19年 3 月31日	14版 2 刷発行	令和 6 年 2 月 1 日
6 版　発　行	平成19年10月30日		
7 版　発　行	平成20年11月15日		
8 版　発　行	平成22年 4 月 5 日		
9 版　発　行	平成24年 6 月 1 日		
10 版　発　行	平成25年10月15日		

編　著　　消防学校消防団員教育研究会

発行者　　星沢　卓也

発行所　　東京法令出版株式会社

112－0002	東京都文京区小石川 5 丁目17番 3 号	03(5803)3304
534－0024	大阪市都島区東野田町 1 丁目17番12号	06(6355)5226
062－0902	札幌市豊平区豊平 2 条 5 丁目 1 番27号	011(822)8811
980－0012	仙台市青葉区錦町 1 丁目 1 番10号	022(216)5871
460－0003	名古屋市中区錦 1 丁目 6 番34号	052(218)5552
730－0005	広島市中区西白島町11番 9 号	082(212)0888
810－0011	福岡市中央区高砂 2 丁目13番22号	092(533)1588
380－8688	長野市南千歳町1005番地	

〔営業〕TEL 026(224)5411　FAX 026(224)5419
〔編集〕TEL 026(224)5412　FAX 026(224)5439
https://www.tokyo-horei.co.jp/

ISBN978-4-8090-2520-4